現代建築保存活用見て歩き

吉田鋼市
Yoshida Koichi

王国社

目次

旅のはじまり

「スクラップ・アンド・ビルド」という言葉は、組織の改変といった意味で使われこそすれ、建築の世界では聞かれなくなって久しい。同様に、建築の世界では「フロー」よりも「ストック」が益々語られるようになり、「リフォーム」「リニューアル」「リノベーション」「コンバージョン」という言葉も頻繁に聞かれるようになった。住宅の「リフォーム」の前後(ビフォーアフター)を主題にしたテレビ番組が始まったのは2002年のことのようだが、こうした傾向は1990年代から始まっているものと思われる。ロングライフビル推進協会がBELCA賞を出し始めたのも1991年のことであった。

その背景にあるのは、高度経済成長とそれに続くバブル経済の終焉だろうが、さらに近年は脱炭素とSDGs(持続可能な開発目標)も加わった。建物ストックのさらなる活用が脱炭素とSDGsに適っていることは間違いないであろう。その傾向をさらに後押ししたのが歴史的な街並みや建造物の観光化である。「グローバル観光」という言葉もしきりに使われるようになったし、世界遺産登録の学術的ならぬ経済的価値も飛躍的に増大し、その登録に関わる文化的ならぬ政治的関心も増している。こういう言い方はシニカルにすぎるかもしれないが、豊かになった人々が、時を経た歴史的資産の力を大事に思う気持ちになっていることは否定のしようがない。「サステイナブル・ツーリズム」という言葉も聞かれるようになったし、近頃の観光は、単なる物見遊山ではなく体験的・学習的観光が増えてきているのである。

こうした状況を背景に既存の建物の再活用が当たり前に行われるようになっている。保存活用が採算に合わないとされてきた地価の高い都心においても、容積率の移転などの措置が講じられて保存活用が促されている。これは自然で望ましい傾向であり、かつての「スクラップ・アンド・ビルド」がむしろ異常な時代だった。西洋の建築の歴史を根本的に変えたルネサンスも、その始まりはフィレンツェ大聖堂のドームの建設で、そのドームはゴシックの建物にかけられたのであり、建物の増改築はいつの時代にもごく自然な営為であった。西洋近世の建築家は、更地にまったく新築の建物を手がけるほうが稀で、増改築が当たり前であった。いまの日本でも、建築家が歴史的な建物の増改築に関わることが増えてきている。「ヘリテージ・マネージャー」という言葉もしばしば聞かれるし、どの建築家も歴史的な建物の保存活用に携わるようになった。また、文化財建造物保存技術協会などの文化財保存修理の専門家による重要文化財の保存の手法においても、近代の建物の修理においては新しい手法も試みられている。文化財の保存も、現実には凍結保存というのではまったくなく、すぐれて創造的な営為となってきており、どこにおいても保存活用が大きな関心事となってきている。

というわけで、本書は日本各地の26の建物の保存活用の現場を見て歩いた報告である。もちろん、事前に様々な資料は調べて行ったが、網羅的に調べ上げて行ったわけではなく、当初の目的のものにはさほど刺激を受けず、たまたまその近くにあって興味を覚えて取り上げたものもある。対象とした建物はすべて近代の建物のものであるが、とりあげた建物群の中に、幕末の創建になる倉庫が含まれている例も一つだけある。また、保存活用の時期についてもできるだけ最近の例のみとりあげようと努力したが、少し例外はある。しかし、ほとんどすべてが２０１０年代以降の保存活用の例で、２０２０年に保存活用工事を終えてオープンしたものが最も多い。その旅のはじまりが京都市京セラ美術館で、２０２０年9月のこと。最後が香川県庁舎東館で２０２１年8月。この見て歩きはその間1年間の旅の記録ということになる。とりあげた順番は単に訪れた順ということだけで特段の意味はない。

ところで、同じように保存活用といっても、内容は千差万別で非常に多様である。内部まで全体的に保存する場合もあれば、一部を増改築する場合もあり、あるいはファサードのみを保存する場合もある。ファサードのみを保存する場合も、現物のファサードを残す場合と一度壊して再建する場合がある。一度壊して再建したものは流石にここではとりあげていないが、現物のファサードのみの保存でありながら、内部の一部分を保存し、新しい内装との関わりに配慮した例はとりあげている。つまり、長い時間を経た建物への介入の仕方は様々であり、現状への介入度がゼロに近いメンテナンス(維持)と、全的な介入のデストラクション(破壊)の間にいくつかのレベルがある。かつては、ゼロか百、あれかこれかの単純明快な解決法が多かったが、保存活用活動の伸張に応じて、内外とも保存する場合でも、プリザベーション(維持保存)、コンサベーション（修復保存）、レストレーション（修復復元）、リコンストラクション（再建）といった言葉で呼ばれるいろいろな介入の方法がある。

後世の改変部分も含めて現状をできるだけそのまま残そうとするのがプリザベーションであり、これは歴史的積層全体を尊重する姿勢で創建当初至上主義ではない。それに対して、コンサベーションは、重要ではないと見なされる後世の改造部分は除去することもある。保存を望む側にとってはプリザベーションが最も望ましいが、時に価値判断に臆病で主体性がないともされる。コンサベーションはもう少し意志的であるが、双方とも現状への介入が非常に少ないことには変わりがない。一方、レストレーションは創建当初の状態を重視し、後に改造された部分を取り壊して元の姿に戻すさらに積極的な介入をするもので、本書にはとりあげていないが東京駅のドームの復元（2012年）もこれに相当する。これは多くの人の眼を瞠らしてくれた快挙ではあるが、取り壊された戦後の屋根は、創建時のドーム屋根よりも存在期間は倍以上に長かった。あの屋根はあくまでも仮の屋根という判断をされたことになる。そしてリコンストラクションは、創建当初、場合によっては最も特徴のある時期の姿をトータルに再現するものである。現に既存の建物が存在する場合には、この例は稀であるが、失われたものを再建した例は、城や寺院を初めたくさんある。近代の建物としてはこれもまた本書にはとりあげていないが三菱一号館美術館（2010年）がその例。

加うるに、これらの用語で呼ばれる対象も、それぞれが画然と区別されるものでもなく、アナロジカルに並んでおり、こう呼ばなければ間違いというものでもない。さらにはまた、たとえば復元や再建の場合でも、もともとあった位置に復元・再建する場合と新たな場所に復元・再建する場合があり、復元・再建の正当性、理由づけに関しても様々である。復元の学術的正確さに関しても確かにこうだったと多くの人が納得するに足るだけの資史料を踏まえたものと、資史料が不足しており不明な部分もやや強引に再現してしまう場合もある。しばしば、前者を「復原」と書き、後者を「復元」と書いて区別しようとする試みもあるが、これも姿勢と程度の問題で、完璧な「復原」というのはない。また、かつての建設関係者や血縁的・業務的後継者が携わったほうが正当性が高いと判断されがちだが、これもまた程度の問題であろう。

さらにはまた、しばしば語られるホンモノ性（オーセンティシティー）の問題。従来、ホンモノ性を保証する要素は、形態と意匠、材料と材質、用途と機能、立地と環境だとされてきたが、これをすべて満たすことは現実には不可能である。ちなみに、先にあげたコンバージョンという言葉は、用途の変更を伴うものについてのみ言われるようだが、この基準だとコンバージョンはすべてホンモノでなくなってしまう。立地と環境の維持も現実には大変。これを厳格に適用すれば、日本の伝統的な文化でもある移築はすべてホンモノではなくなってしまう。世界遺産でいうバッファゾーンも、この要素を担保せんとするものだが、最近はいくつか問題が生じているとされる。オリジナルの材料と材質の保持も難しい。あとは形態と意匠だけということになりそうだが、これだと単なるレプリカと変わらなくなってしまう。

ともあれ、事態は簡単ではない。というわけで、あちこち見て回ったわけだが、現実の保存活用といっても様々であり、唯一絶対の解答というものもない。１００年以上も使い続けられている大阪の「堂島ビルヂング」も見てきたが、この1923年創建のオフィスビルは1960年の改装を経ながらいまも活発に使い続けられている。まさに「無事これ名建築」であって、これが一つの理想の建物のありかたなのだが、厳しくなった耐震性基準や多様になった設備や機能にも対応しなければならないし、経済性や効率性からしても取り壊して新築するほうが簡単のように思えてしまう。にもかかわらず、こうした多くの保存活用の試みが行われているのはなぜか。創建当初は、美的にも技術的にも特段にすぐれたものでなかったかもしれないものも、長い時間を経たものはそれだけで信頼に足るものとなるし、さらには時間が独特の魅力を加えてくる。いわゆる「わび」「さび」あるいは「パティナ」であるが、時間は最大の創造者でもある。時間は、一方で人間の構築物をじわじわと大地に返す一種のゆるやかな破壊作用を行うのであるが、そのゆるやかな破壊作用に抗して維持されてきたものに対して人は心動かされる。時間を経たものに人は謙虚になるし、時間が加えた魅力を抹消することには誰しもためらいを感じる。人が安らぎを感じるのも時間を経て半ば自然と化した景観である。人は過去とのつながりによってのみ精神的な支柱を得られ、自らの安定した位置を確保し得るのであろう。

そして、時間に敬意を払って保存活用された建物には、残された部分と新たに加えられた部分との対話・葛藤・和解のドラマも見られ、時間が加えた魅力に、さらに新たな人間的なドラマが加わる。時間と歴史に学びつつ、自らの主張もするという緊張感をはらんだコラボレーションが見られる。そうしたスリリングな状況の一端を、この26の例で味わっていただければ幸いである。

京都市京セラ美術館

1933年に建てられた京都市立美術館が、2020年5月末にリニューアルオープンして京都市京セラ美術館となった。当初の建物の設計は、コンペ一等の前田健二郎案をもとに京都市の営繕課が実施、清水組が施工している。コンペ応募規則に「四周の環境に応じ日本趣味を基調とすること」とあったが、すぐ西向かいには1909年竣工のまったく洋風の府立図書館（設計は武田五一）がすでに建っていたから、この近辺がとりわけ伝統的な景観を保っていたわけではない。平安神宮（設計は伊東忠太、1895年）はかなり北にあるから大きな鳥居以外は直接見えない。この「日本趣味」の要求は、これが昭和天皇即位を記念する大礼記念京都美術館として建てられたことによる。同じころ、北西の少し離れたところに構造・材料以外は純粋に和風の京都公会堂東館（1928年、市の営繕課の設計）が建てられており、これもまた2000年に京都市美術館別館となっているが、つまりはこれらがまさに時代の産物だったということである。

この京都市立美術館の老朽化に伴い、開館80周年記念も兼ねて、2015年にリニューアルのプロポーザルが実施され、著名な設計事務所20者が応募。一次審査で6者に絞られ、最終的に青木淳・西澤徹夫設計共同体の案が選ばれ、同設計共同体の基本設計および監修、昭和設計の実施設計、松村組の施工でできあがったのが現美術館である。募集要項には、本館は将来の文化財指定が予定される旨の記述があり、その保存は絶対の条件であった。さらに「新棟整備に当たっては本館との調和を十分図ったうえで、伝統と革新が融合した新しい魅力的なデザインも検討する」とあるから、新築の部分にも本館との調和が求められる制約の多いプロポーザルであった。

成熟した都市においては、新たな企画は常に既存の建物との関わりが問われざるをえない。なお、リニューアルに伴って名前が変わったが、これは命名権売却によるもので、得られたお金でリニューアルの費用の半分近くが賄われたという。京セラのみならず、賛助金を寄せた多くの企業の名が館内に掲示されている。京都会館は「ロームシアター京都」となったが、こちらのほうは頭に「京都市」と冠しているだけに少しましか。

さて、リニューアルなったこの美術館。正面を掘り下げて地下から入るアプローチにしたこと（設計者の言によれば、このほうが正面外観のプロポーションがよくなるとか。あるいはそうかもしれない）以外は、たしかによく保存されている。案内板やコンクリート造石張りのいくつかの門柱も残されている。玄関近くにある欅と覚しき樹木も残されており、その残した樹木が掘り下げた地面に丸く突き出しているので、その円弧に呼応するかのように弧を描くガラス壁で地下部分の建物を覆っている。このガラス壁は「ガラスリボン」と名付けられているが、その一方の先端は鋭角の三角形で終わり、その部分は鋭く地上に現れ出る。「ガラスリボン」は本館をやわらかなクッションで包み込んだともいえるし、新しい皮膚と内臓を加えたともいえる。北側の中庭にはガラス屋根がかけられたが、大英博物館のグレート・コートよりもずっとシンプル。大きく改造されたのが、北西隅にあった収蔵庫棟（１９７１年の竣工で、半地下式だった。設計は川崎清）で、新しい外壁の色調は本館のものに合わせられている。主要な展示はむしろこちらへシフトすることが考えられているのかもしれない。

正面（西側）外観。手前に二つあるのが門柱。

正面（西側）外観。左にあるのが欅。車寄せの手前の2本の柱がふかされて鈍く太くなっている。なにか事情があるのであろう。

北側外観。右が本館、左が「東山キューブ」と名づけられた旧収蔵庫棟。

「東山キューブ」。表面に金色の短冊状金属片がランダムに張ってある。

東側外観。手前が「東山キューブ」で奥が本館。

庭園。東側にある日本庭園。池の中央に見えるのは杉本博司の「硝子の茶室」。今回の「杉本博司　瑠璃の浄土」展に合わせてつくられた。

北側中庭。ガラス屋根がかけられ、「光の広間」と名づけられている。

「ガラスリボン」内部。左側が掘り下げられた外部。

「ガラスリボン」北端。鋭い三角形で地上に現れる。

案内板。同じものが南北に二つあるが、南側のもの。

大丸心斎橋店本館

大阪の大丸心斎橋店の本館が建て替えられて、２０１９年9月に開業した。前の建物は、ヴォーリズ建築事務所の設計、竹中工務店の施工により、１９２２年から１９３３年まで4期に分けて建てられたもので、その華やかで優しい姿は、この80数年間、御堂筋の顔の一つとなっていた。北館と南館がある故に本館と呼ばれているが、これがまさに大丸の本店でもある。

それに、大丸がここに陣取ったのは３００年前に遡るという非常に古い歴史が積み重ねられた場所でもある。それ故であろうか、建て替えられた新本館に、前の建物のファサードが保存された。1階の内装もよく保存されている。もちろん、建築学会などの保存要望書が出されたりはしたが、特段の容積加算などの特典を受けたわけではないようであるから、このファサード保存はやはりこの建物の歴史と顧客の願望の故であろう。三越日本橋本店、高島屋東京本店など、国の重要文化財となって保存活用されている例はあるものの、デパートの建物で一応きちんとイメージを踏襲しているのは少ない。同じヴォーリズ建築事務所設計の大丸京都店（１９１２年）もほぼ全面的に改装された外壁となっている。ファサード保存など保存の名に値しないという意見もあるだろうが、大丸心斎橋店は商業ビルの保存の例として汲むべきところがある。

前の建物は鉄筋コンクリート造7階（一部8階か）建て地下2階だったが、新しい建物は鉄骨造11階建て地下3階。基本設計は日建設計で、実施設計・施工とも前の建物と同じ竹中工務店。ファサードは意匠を異にしている低層・中間層・上層の3層に分けられていたが、耐震性向上のために、その層の切れ目のところで目立たないようにスリットが入れられ、新しい建物の動きに合わせて3つの層が独自にスライドするようになっているという。そして新築部分の7階から11階までのファサードは、保存されたファサードから5〜6メートルほど後方に下がったところに設けられている。その新しいファサードも、1・2階の特徴的な意匠に合わせて八芒星と正方形を組み合わせた幾何学的な造形となっている。一瞬、パリのアラブ世界研究所を想起したが、実際は全然違う。幾何学的・イスラム的な造形として同じというだけであり、1階入り口周辺の造形や内装に呼応するところがあるかもしれない。下げられた新しいファサードの手前の屋上は、「7階心斎橋テラス」と名づけられて戸外のテラスとなっており、一部にはレストランの戸外テーブルが置かれている。そのテラスのフェンスはガラスであり、外からはそれほど目立たない。ただし、かつての7階の上の屋上が新しい建物の7階になっており、昔の7階分が今の6階になっているわけである。当然、かつてのファサードの窓は新しい階とずれて生きていないことになる。

そして、復元された内装。1階はかつてよりも広々としている感じを受けたが、7割程度は既存の内装部材を保存　利用して復元されたといい、天井飾りや照明やエレベーター扉廻りなど、あの華やかな感じはよく受け継がれている。親柱が印象的だった主階段はなくなったが、小さい方の階段は保存されている。

御堂筋側の外観。よく見ると、保存されたファサードの屋上にガラスのフェンスが見える。

保存されたファサードの入り口部分。

北西隅外観。北側ファサードは保存壁面からそれほど引っ込んでいるわけではない。

保存されたファサードの屋上の「7階心斎橋テラス」。正面に保存された塔屋（主としてこの塔屋の故にファサードが「ネオ・ゴシック」と評されることが多いようであるが、実際はあまりゴシック的ではない）、左側にガラスのフェンス、右側に新しいファサード。

新しいファサードを内側から見たところ。八芒星と正方形を組合わせたデザイン。

ガラスのフェンス越しに保存ファサードの頂部を見たところ。

復元保存された1階の内装。天井廻り。

復元保存された1階の内装。エレベーター周辺。

復元保存された1階の内装。

復元保存された階段の親柱。

弘前れんが倉庫美術館

弘前れんが倉庫美術館が２０２０年７月に開館した。所在地からつけられた吉野町煉瓦倉庫の名で知られた歴史的な倉庫を活用しようとする30年以上に及ぶ弘前市民の願いと努力が結実したものである。倉庫はL字型プランの煉瓦造2階建て（小屋組は木造と鉄骨造）の大きな倉庫と、別棟の煉瓦造平家（小屋組は木造）の小さな倉庫からなっていた。創建年は大きい方の倉庫が１９２３年、小さな方の倉庫が１９０７年とされ、いずれも、大工から酒造業に転じた酒造会社オーナー福島藤助（１８７１－１９２５）自身が建てたとされる。その後オーナーは変わっているが、１９６５年までは一貫して酒造工場として使われ、戦後はそこでリンゴ酒（シードル）がつくられていた。それ以降はわずかに米などの保管庫に使われていたが、やがて活用を求める市民の動きに伴って、美術展やコンサートなどのイベントに使われてきた。２０１５年に弘前市が当の土地と建物を買い、ＰＦＩ事業として活用事業が行われ、その事業に参加した企業が美術館開設準備室をつくり、それが弘前芸術創造株式会社となってこの美術館を運営しているということである。

改築の設計は、Atelier Tsuyoshi Tane ArchitectsとＮＴＴファシリティーズで、施工はスターツＣＡＭ・大林組・南建設共同企業体。補強壁やブレースやバットレスなど付加的な部材がまったくないスマートな外観に驚いたが、既存の壁にＰＣ鋼棒を差し込んで補強しているという。指定文化財の修復の場合には、当初部材と後補部材の区別が重要であるが、ここでは全体の統一性が優先されている。ちなみに、この美術館の建物は文化財としては指定も登録もされていないらしい。改築に際して、小さい方の倉庫は正面のファサードを残して建て直され、カフェ・ショップに使われている。その保存されたファサードと建て直された新しい煉瓦の部分も巧みに一体をなしているが、保存壁の隅の煉瓦が一部欠けているのがそのままにされている。時間のつくった造形を楽しませてくれる妙案とも言えるが、一種のパフォーマンスのような印象も与える。

大きい方の倉庫が美術館となっているのだが、その入口が中世教会の入口によく見られる船底形のアーチ（アリエール・ブッシュールと呼ばれる）になっていて、その部分は煉瓦がずらされてジグザグに積んである。この積み方を「弘前積み」と称しているようだ。そして屋根。かつては鉄板葺きだったようだが、これがシードルの色にちなんだ黄金色（それを「シードル・ゴールド」と称している）のチタンの菱葺きに変えられている。開口部にはサッシもほとんど見えないようにしてまったくシンプルにガラスが入っており、窓の扉も撤去されたかと思っていたら、もともとある部分にはきちんと残されていた。空調機器も黒く塗られ、その前面には黒い板塀が置かれている。この改修は、学術的であるが故に時に無骨にならざるを得ない保存に対する美的な保存活用の提案かもしれない。そしてまた、これは時代を経た建物はそれだけで美的な素材になり得るということを示してくれてもいるのであろう。

正面外観。右側が美術館棟で、その奥が右側に折れてつながっている。左側がカフェ・ショップ棟。

美術館棟の屋根。「シードル・ゴールド」色のチタンの菱葺き。二つの塔屋は換気塔らしい。

正面入口。ジグザグに積んだ煉瓦が人を迎え入れる。

入口を内側から見たところ。写真の中央の展示作品は地元出身の奈良美智の「A to Z Memorial Dog」

美術館棟の窓扉のある外観。足元には煉瓦破片が敷き詰められている。

カフェ・ショップ棟の保存されたファサードの隅部分。崩れかけた煉瓦がそのままになっている。右側の壁面が新しい煉瓦で建て直した部分。

内部、受付の部分。2階床を支えている鉄骨の梁も当初のものらしい。

階段。木製の手摺が独特の形をしている。

木造トラスの小屋組。この下がライブラリーとなっている。

建て直されたカフェ・ショップ棟の小屋組。

旧・横浜生糸検査所倉庫「北仲ブリック」

横浜関内を東西方向（より正確には東南から西北）に走るメインストリート本町通りと平行する一本北側の通りが北仲通り、南側の通りが南仲通りであるが、それらの西の終点は横浜の鎮守社たる弁天社があったところで、その地には昔から重要な施設が置かれてきた。関東大震災後にそこに移されたのが１８９６年設立の生糸検査所で、その造営は庁舎、同形同大の4棟の倉庫、倉庫事務所等からなる震災復興期横浜で最大の事業であった。いずれも鉄筋コンクリート造の諸施設の竣工は１９２６年で、柱型の部分に煉瓦が張ってあるのが大きな造形的特徴であった。この煉瓦は煉瓦タイルではなく本物の煉瓦でコンクリートの型枠としても使われた模様。設計は遠藤於菟、施工は大林組。その後、１９９０年に庁舎が横浜第２合同庁舎となる際に、庁舎と倉庫1棟が解体されたが、高層となった合同庁舎の下部にかつての庁舎のファサードが復元され、横浜市認定歴史的建造物となった。２００８年、さらに倉庫2棟が解体。倉庫1棟のみと倉庫事務所が残され、倉庫は横浜市認定歴史的建造物、倉庫事務所は横浜市指定文化財となっていた。

歴史的にも枢要な地であるこの生糸検査所跡地の再開発は懸案の事項であったが、「ザ・タワー横浜北仲」と名付けられた58階建てのタワーマンション兼宿泊施設を中心とした施設となって一応の決着を見て、２０２０年6月にオープンした。事業主が三井不動産と丸紅で、設計・施工が鹿島建設。残されていた1棟の倉庫は、曳家も検討されたが、結局、特徴ある部材を再利用しつつ復元という結果になった。復元された倉庫の東側のファサードには既存の倉庫の煉瓦が再利用されているし、西側のファサードの地下階のドライエリアがガラス床越しに見られ、また保存された重要な建築部材と装飾部材が倉庫の庫室の地下に展示されており、同じくガラス床越しに見られるようになっている。復元された倉庫には、店舗やオフィスが入っているが、目玉はライブレストラン「ビルボードライブ横浜」らしい。倉庫事務所のほうは、内部が改装されてシェアオフィスとして使われている。そして、この復元された倉庫と倉庫事務所は、煉瓦(ブリック)に因んで「北仲ブリック」と名付けられている。さらに、「ザ・タワー横浜北仲」の低層部のファサード3面に、かつては4棟あった隣接する倉庫のファサードが同じ位置で復元されており、当初の倉庫の間隔がわかるようになっている。往時は、この倉庫間の頂部に3基のクレーンがかかるダイナミック空間が存在していたのだが、それが少しは想像できるスペースとなっている。またこの地区の各時期の古い護岸も保存されている。

生糸検査所の庁舎の解体からちょうど30年。復元された庁舎のファサードもすでにいくらか歴史的なものとなってきている。この地区の再開発の経緯は、保存から言えば苦闘(厳しく敗北という人もいるかもしれない)の歴史であるが、その30年の間には景気も変わるし人も変わる。このかつての生糸検査所の雄姿をなんとか偲び得る姿は、また業者や役所など関わった多くの人々の尽力の歴史の跡でもある。

アプローチ部分。右側が復元された倉庫。高層ビルの下部にも倉庫のファサードが復元されている。

左が「ザ・タワー横浜北仲」、右が横浜第2合同庁舎で、その下部に生糸検査所の庁舎のファサードが復元されている。

横浜第2合同庁舎の低層部ファサード。生糸検査所の庁舎が復元されている。

右の奥に復元された倉庫棟、左が倉庫事務所。

復元された倉庫の東側外観。煉瓦はすべてかつての倉庫の煉瓦が使われている。

倉庫東側の細部。古びた煉瓦の微妙な色合いが目を引く。

倉庫間の空間。倉庫間の距離はかつてと同じ。左が復元された倉庫。右が高層棟の下部に復元されたファサード。

倉庫西側のドライエリアが見られるようになっている。

倉庫庫室の地下に保存展示されたかつての特徴ある細部部材。

倉庫庫室の内部の柱。逆円錐形に張り出す柱頭が特徴。柱高は各階で異なっており、上階へいくほど高くなっている。

鎌倉文華館　鶴岡ミュージアム

（旧・神奈川県立近代美術館本館）

２０１９年６月に、かつての神奈川県立近代美術館本館が「鎌倉文華館　鶴岡ミュージアム」としてリニューアル・オープンした。神奈川県が鶴岡八幡宮から借りていた敷地の返還に伴うもので、本来は更地にして返還するべきところを、県がこの本館を県の文化財に指定し、八幡宮がそれを保存活用することに同意してオープンに至ったものである。さらに２０２０年10月に、本館が国の重要文化財に指定される旨の報道もされた。まずは、大変喜ばしいことである。もっとも、保存されたのは１９５１年創建の当初部分だけで、１９６６年の増築部は取り壊された。

いうまでもなくこの本館は、日本のモダニズムの戦後建築の先頭を駆けた記念碑であり、国立近代美術館に先んじる公立の近代美術館の先駆でもある。設計は坂倉準三、谷口吉郎、前川国男、山下寿郎、吉村順三の五者による指名コンペをかちえた坂倉準三建築研究所で、施工は馬淵建設。取り壊された増築部の設計も坂倉準三建築研究所で、坂倉には珍しいミース調の作品だった。少し離れたところに１９８４年に建てられた別館（大高建築設計事務所の設計）は、鎌倉別館として健在。なお、本館は２００３年に葉山館（佐藤総合計画の設計）ができてからは鎌倉館本館となっている。本館が「鎌倉文華館　鶴岡ミュージアム」となる際の改修設計は丹青研究所で、設計協力が坂倉建築研究所、施工が竹中工務店。指定文化財の改修には、文化財修理の専門的な機関が関わっていることが通常であるが、これはそうではない。文化財の修理も特殊な専門家の事業ではなく、誰もがやるべき普通の仕事になりつつあることを意味するであろうか。

さて、今回の改修でどう変わったか。まず、入り口が逆の八幡宮側になった。２階がなんの変化もないのっぺりした壁面側が入り口になったわけだが、かつて本館と増築部をつなぐ通路のとっつき部分が新たな入り口になっただけで、まあそれほど不自然だともいえないかもしれない。本来の入り口側の発券窓口もそのまま残されている。1階部分の大谷石積みの壁は、かなりの部分が取り換えられたが、これは壁の鋼板による耐震補強で旧材の一部が使えなくなったためらしい。当初材よりもやや赤みのかかった大谷石が用いられているので、容易に見分けがつく。2階の壁材は、当初はアスベストボードだったらしいが、これはかつての修理の際にすでに取り換えられており、今回またすべて繊維強化セメント板に取り換えられたという。前のものよりもなんとなく光沢が増して渋さが減じたような気もするが、これも失われたものに対する単なるノスタルジアにすぎないかもしれない。

今回の改修でよくなったところもある。1968年以来撤去されていた展示室のトップライトが復元され、その連続するプリズム形のオリジナルの外観がもどった(『建築史学』75号の水沼淑子氏の論考)。ただし、復元は形だけでトップライトとしては用いられていないという。平家池の周囲にも遊歩道が整えられ、この建物があちこちから見られるようになった。もっとも、この建物がなにか神々しい存在になったようで、少し面映ゆい感じがしないでもない。

平家池からの外観。左の側面がもともとの入り口側。

新しい玄関側外観。2階の壁面がのっぺりしていて単純なボックスに見える。

本来の正面側外観。

本来の入り口。2階の屋根の支柱に塗られた赤が鮮やかに蘇った。

この支柱には緑が塗られている。左の壁面が赤みがかった新材の大谷石、奥の方がオリジナルらしき大谷石。

平家池側の一階部分。池の礎石から支柱が立ち上がる。

中庭の外観。2階右奥の黄色の窓の部分は、かつて喫茶室だった。

中庭に下りる階段の手摺り。もちろんオリジナルの材料であろう。

内部階段。まさにル・コルビュジエ調。

復元されたプリズム形のトップライト。

新風館

京都の烏丸通りにある新風館が、2020年6月に再度のリニューアルによってホテルと店舗からなる施設に生まれ変わった。当初の建物は1926年に建てられた京都中央電話局で、設計は吉田鉄郎、施工は清水組。その後も長く京都電電ビルとして用いられていたが、1983年に京都市の登録文化財(国の登録文化財ではなく京都市の文化財保護条例に基づくもの)となり、2001年に保存改築されて新風館という名の商業施設となった。その名の通り、京都に新しい風をもたらそうというものである。その保存改築の時の設計はNTTファシリティーズとリチャード・ロジャース・パートナーシップ・ジャパン、施工は清水建設で、この改修はグッドデザイン賞とBELCA賞(ベストリフォーム部門)を受けているが、2016年に閉鎖された。中庭の広場では公共的なイベントがしばしば行われていたようであるが、わずかに15年ほどの命であった。もっとも、この時の改修は、当初から恒久的なものが意図されておらず、期間限定のものであったようである。

というわけで、今回のリニューアル・オープンは満を持してのものだということになるが、新風館の名は引き継がれた。設計は同じくNTTファシリティーズで、デザイン監修が隈研吾建築都市設計事務所、施工は大林組。前回の改築部分は青や黄色の鮮やかな色に塗られた鉄骨が構造の主体をなし、新旧の対比を示すことが意図されていたように思うが、今回の主役は大量の杉の集成材。この集成材が中庭へと導くゲートとなり、既存の建物の中庭側にも新築のホテル側にも、それにホテルの内部にも盛んに使われ、その自然の木質の色が全体を支配している印象がある。

それに応じて、かつてイベント広場でもあった中庭にも多くの植樹が施されて、起伏をもつ憩い得る庭園となっている。この集成材の組み合わせは、確かに斗栱のようでもあり、時にはガラス壁を貫いているかのようにも見え、たいへんダイナミックで圧倒されるが、構造として必要ではないかもしれないところにも置かれているような気さえする。なお、このホテルは米国で展開しているエース・ホテル（ace hotel）で、米国以外のホテルとしては、ロンドン（最近のコロナ禍でエース・ホテルは撤退したらしいが、他社のホテルとして存続しているという）、パナマに次ぐもので、もちろんアジア初とか。

既存の建物の外壁の保存は、前回がいかにも修理といった感じの新旧の材料の混交だったが、今回は完璧な改修といった感じ。ファサードのほぼ全体に張られたタイルはほとんど取り換えられたともされているが、すべて新しいものにされたわけではないようで、古いものもかなり使われているようである。北側のアーチ型のエントランスも非常によく保存されており、なによりも人の活気にあふれている。残念なのは、既存の建物の2階と3階ともホテルのスペースで、宿泊者しか近づけないこと。オープンになっているのは中庭側に開いた1階の店舗部分だけで、既存の建物のファサードが閉じられた壁のようになってしまっている。

烏丸通り側の外観（3階建て）。右側の背後に見えるのが新築のホテル（7階建て）で、その手前が集成材のゲート。

北側（姉小路通り側）の外観。窓間壁に様々なタイルの張り方が見られる。左にあるのが新築のホテル。

烏丸通り側のゲート。屋根はまた別にかけられている。

北側のアーチ型の入り口。
やはり古いタイルも使わ
れているように見える。

ホテル入り口。集成材のゲートが見られる。

北側の入り口細部。よく保存されており、球形の止め石が中庭にも見られる。

二連のクロスヴォールトがかかった北側の入り口。

中庭。左側と正面が保存された建物の裏面に相当。手前に球形の石が見られる。

保存された建物の中庭側通路。鉄骨の支柱と集成材の共存。

ホテルのロビー。随所に集成材が見られる。

ダイビル本館

2013年2月という少し前の話になるが、大阪の中之島にあるダイビル本館が22階建ての高層ビルに建て替えられ、その下部に8階建ての旧ビルのファサードが復元された。旧ビルは1925年に、その名も「大阪ビルヂング」として建てられたもので、「大大阪時代」の大阪を代表するオフィスビルであった。当時の雑誌『土木建築工事画報』も「大阪市に於ける最新最大の建物」としてこの建物を詳細に紹介している。設計は渡辺節（『土木建築工事画報』は渡辺建築事務所ではなく渡辺節としている）で、施工は大林組。外観のスタイルも、『土木建築工事画報』によると「近世式」で、つまり今日で言うところの「近代式（モダン）」スタイルである。この建物の外観の形容としては「ネオ・ロマネスク」とされることが多い。たしかに、コーニスの下端や入り口の周囲にロンバルド帯を思わせる小アーチ列が見られ、的外れとも言えないが、半円アーチの窓はなく、窓はすべて矩形のものである。むしろサリヴァン風のアメリカのオフィスビルの影響を考えたほうがよいかもしれない。ともあれ、このビルの装飾的な細部とやや鋭角的になった印象的な丸い隅と、それに全体に張られた褐色のスクラッチタイルとが人々の記憶に強くとどまっていたということである。

1989年に名前がダイビル（大阪ビルを縮めたもの）と変わった後も使われ続けていたが、遂に建て替え。質からしても規模からしても時代を代表するオフィスビルであり、東京にもたくさんのビルをもつダイビル株式会社の発祥の地でもあり、それに日本建築学会などからの保存要望もあったが故か、旧ビルのファサードが復元されることになった。その復元を含む新築ビルの設計は日建設計、施工は旧ビルと同じ大林組。ちなみに大林組の大阪本店はこのビルにある。

その復元であるが、解体の際の旧材の保存率が非常に高く、一見ファサード保存がされたかのように見える。外部の復元は、堂島川側の主ファサードと丸く鋭角に曲がる側面ファサードの2面、それに逆側の側面の一部に及ぶ。新築の高層棟はこの復元のファサードよりも後退させられており、高層棟と復元棟のスリットもあるので、復元部分の隅のほうから見ると高層棟が回転可能なビルのようにも感じられる。復元部分の重量感が大きく、高層棟が軽く見えてしまうためであろう。内部も1・2階の玄関部分とそれに連なる重要な部分は復元されており、入ってしばらくはかつての内部空間を偲ぶことができる。また、かつて8階にあった社交場「大ビル倶楽部」が、「ダイビルサロン〝1923〟」（1923は株式会社大阪ビルヂング創立の年）として復元され、開放されている。そこにはかつてのダイビル本館の重要な建築的細部も展示されており、1927年に竣工した東京・日比谷の「大阪ビルヂング」（設計は同じく渡辺建築事務所、後に日比谷ダイビル、1989年建て替え）の建築細部も展示されている。その細部というのが、それこそロマネスクなテラコッタの怪獣面で、これは建て替えられた日比谷ダイビルの公開空地にも展示されている。

外観。左側が堂島川。右側の隅のみ鋭角に曲がって丸くなっている。

丸くなったコーナー。それぞれの入り口の周りには装飾的な細部が見られる。

主たるファサード。7階に中間的なコーニスが走り、1階と最上階と中間階を分けるという表現が見られる。

主ファサードの左隅の部分。ここは1階が取り去られているが枠組みだけは復元されている。

右側面と裏面。側面から裏面への展開部もうまく処理されている。壁面の色の違いは日光のせい。

右奥隅の細部。いきなり裏面のファサードへと変えずに繋ぎの部分が工夫されている。

左奥隅の部分。復元ではないが雰囲気の似た壁面の表現にされている。

主入り口を入った内部。ほぼ完全に復元されている。

「ダイビルサロン“1923”」。人のいないところを撮ったが、訪れる人は少なくないように見える。

コーニスの現物が展示されている。

ザ・ホテル青龍　京都清水

統合などで閉校した公立小学校を保存しながら他の用途に転用する試みが京都で活発に行われている。これは歴史的な資産を街づくりや観光に生かそうとする京都市の基本的なスタンスに則るものであり、直接的には市の「学校跡地活用の推進」計画に基づくものであるが、さらにその底流には京都に特有の「番組小学校」の歴史と伝統が流れているせいもあるかもしれない。「番組小学校」というのは、公立小学校ができる前の明治の初期に地区（かつての町組に番号がつけられて番組と呼ぶようになったらしい）ごとに設置された学校のことである。学校の建設費用は、京都府の貸付金もあったようだが、基本的には各地区が負担したから、学校に対する思い入れは当然強くなるだろう。地区は上京と下京に分けられ、ともに33の番組が設けられ、二つの番組で一つの学校をつくったところもあったようで、結局64の番組小学校が誕生した。1869年のことであり、日本全国に公立の小学校が出そろう1875年に先立つこと6年である。

その下京第二十七番の番組小学校はなんどか名前を変えながらも存続し、戦後は京都市立清水《きよみず》小学校となっていたが、その清水小学校を改装したのが、この「ザ・ホテル青龍　京都清水」である。今回リニューアルされた校舎は、清水尋常小学校時代の1933年に建てられたもので、設計は京都市営繕課、施工は西本組。2011年に廃校となったが、その活用を求めるプロポーザルが実施され、NTT都市開発による案が選ばれて実施、2020年3月に開業に至ったというわけである。リニューアルの基本設計は東急設計コンサルタント、デザイン監修が乃村工藝社A・N・D、実施設計は大林組で、施工も大林組である。なお、ホテルの名「青龍」は、京の都の東は青龍が守り、東にある清水寺には夜な夜な青龍が現われるという伝説にちなむもので、清水小学校はその名の通り、清水寺に近いところにある。また、このホテルの運用はプリンスホテルであり、この「ザ・ホテル青龍　京都清水」もプリンスホテルズ&リゾーツに属す。

さて、そのリニューアルであるが、ほんの一部を残すというのではなく、非常に積極的に残す試みがされ、ほとんどすべてが活用されている。市の指導もあったろうし、もともとこの建物が、小学校には珍しくスペイン瓦を葺いたり、アーチ窓があったり、壁面に様々な装飾が施されていたり、軒下に変わった形の持ち送りがあったりで、ロマンに富むものであったこともあるだろう。それらロマンある造形細部がすべて巧みにホテルに取り込まれている。増築部分も黒っぽいシンプルなものにされており、既存の建物との対比と区別が明確に表現されている。内装は変えられているが、階段はそのまま保存されており、廊下も当初の雰囲気がうかがわれるようになっている。もとの広い講堂はレストランとなっており、格天井もそれとわかるような改装が施され、梁の端部もそのまま見せている。総じて、本格的で実に巧みなリニューアルと言えよう。

西側外観。左側の黒っぽい部分が増築部分。

西側中庭部分。正面の薄い庇のテラスは新設されたもの。

フロントオフィス部分の外観。アプローチして右手に最初に見る建物がこれ。非常によく残されている。

東側外観。様々な壁面の装飾が見られる。

3階の新設された廊下。左側に既存の建物の壁面がそのまま見えるようになっている。

同細部。スペイン瓦、木製と思われる持ち送り、銅製のクラシックな形をした樋が、はっきりと見える。

客室の廊下。床の仕上げを除けば、梁も腰壁もよく残されている。

階段。床のモザイクタイルは一部を除いて復元らしいが、かつてもこうであったかと思わせる感じがある。

レストランとなったかつての講堂。天井の格天井も同じ雰囲気で改装され、一部はそのまま残されている。

「ゲストラウンジ」と呼ばれる部分。かつての応接室ではなかったかと思われる部屋で、凝った梁の下端部が見られる。

立誠ガーデンヒューリック京都

「ザ・ホテル青龍　京都清水」と同じく、閉校した京都市立の小学校をホテル中心の複合施設にリニューアルした例。もとの小学校は、一部が1927年に竣工し、翌1928年に全部ができあがった立誠小学校。鉄筋コンクリート造の小学校校舎としては京都最古の遺構とされている。設計は京都市営繕課で施工は直営か。この小学校ももともとは1869年に番組小学校として創立されたもので、当初は下京第六番小学校。1877年には立誠小学校と名を変えている。「立誠」の名は地名とは関係なく、論語からとられたという。1993年に閉校して、これもまた保存活用のプロポーザルに付され、ホテルを中心としてリニューアルされ、2020年7月にオープンしている。

そのプロポーザルに勝ったのがヒューリック株式会社、そしてこの施設の中心となるホテルがヒューリック傘下の「ザ・ゲートホテル　京都高瀬川」である。東京を中心に展開してきた「ザ・ゲートホテル」の京都進出の最初のもの。「立誠ガーデンヒューリック京都」は、この複合施設全体の名前で、低層部には様々な商店や施設が入っており、なんと地元自治会のスペースもある。プロポーザル決着後も定期的に自治会との協議があったとされており、番組小学校と地域との結びつけの強さがわかる。リニューアルの設計は竹中工務店で、施工は竹中工務店と地元の古瀬組のＪＶ（共同企業体）。

「ザ・ゲートホテル　京都高瀬川」と名付けられている通り、この施設は高瀬川のほとりにあり、せせらぎの音が絶えない。アプローチも現在の校舎が建てられた際に架けられたであろう橋をわたって入る。そして、校舎で保存活用されているのはこの高瀬川に面する3階建ての部分のみで、主要部分を占める8階建ての建物はすべて新築されたものである。しかし、その新築された部分は、保存部分とほぼ同じデザインでつくられており、階数が多いことを除けば、一瞬校舎がそのまま保存されたかという印象も与える。2階と6階にコーニスが走っているし、本来7階までの建物に8階を増築したような表現もされている。まぎらわしいと言えなくもないが、歴史的な建物に増築する際の最も穏やかな手法でもある。すなわち、既存の建物に恭順に同様なスタイルでかつよりシンプルなものを付け加える方法である。この方法は、既存の建物に敬意を表してなんら自己主張をせず、まったく無性格でニュートラルなデザインなものを付加する方法や、新旧の区別をはっきりさせるために既存の建物とまったく違うものを挑戦的に付加する方法よりもオーソドックス。取り壊された部分が多いとはいえ、まずはよくできたリニューアルとしてよいかもしれない。

それに、保存された部分の客室には、様々なアーティストとのコラボによるアート・スペースが組み込まれており、またこの棟には「自彊室《じきょう》」も保存されている。「自彊室」というのは礼儀作法を学ぶための床の間付きの和室の部屋で、この「自彊室」は60畳という広いスペースのものである。これも地域の住民の保存の要望が強かったが故に残されたという。

正面（東側）外観。保存された部分で、正面を除けば比較的シンプルなデザイン。右隅に見えるのは高瀬川を開削した角倉了以の顕彰碑。左隅に橋の欄干が見える。

高瀬川と橋と正面外観。橋も校舎の建設と同時に架けられたものと思われる。

「立誠ひろば」と名付けられた芝の広場からの外観。右隅が保存部分で左が新築部分。

芝の広場から見た保存部分の外観（南側）。

保存部分と新築部分に設けられたパティオ。

ホテルのエントランスロビー。左側が新築のホテル棟で、右側が保存された棟。

保存された棟の廊下。梁のハンチが造形的効果を生みだす。

60畳敷の「自彊室」。正面中央に床の間、右に違い棚がある。

保存された棟の客室。奥に見えるのが、彫刻家と植栽家がつくったアート作品。

保存された棟の客室の天井。ゴツゴツした梁が行き交う。

京都国際マンガミュージアム

２００６年11月の開館という少し古い話になるが、京都の市立小学校のリニューアルの最初期の例をもう一つ。現在、京都国際マンガミュージアムとなっている旧・龍池《たついけ》小学校である。この小学校も番組小学校の一つで、１８６９年に上京第二十五番小学校として創立を見た。１８７５年以降は地名に由来する龍池小学校という名で存続していたが、１９９５年に閉校。現存の建物は講堂棟が１９２８年、本館が１９２９年、北館が１９３７年の竣工で、いずれも昭和初期に建てられた建物である。設計は京都市営繕課で施工は不詳。

実は、１９３１年竣工の明倫小学校（下京三番組小学校、１９９３年閉校）が、２０００年に京都芸術センターとなった小学校転用の先行事例がある。しかし、これは用途こそ小学校から芸術センターへと変わっているものの増改築のほとんどない文字通りの保存に近いものである。それに対してこの国際マンガミュージアムのほうは相当な増築を伴う大胆な保存活用であり、それでとりあげることにした次第である。

閉校後に校舎の活用を模索していた京都市に京都精華大学がマンガの研究所兼博物館を提案。京都精華大学は２０００年に芸術学部にマンガ学科を創立し、マンガミュージアム開館と同じ年にそれをマンガ学部に発展させていたマンガ教育・研究の先駆的存在であった。京都市がその提案に応じ、京都市と京都精華大学の共同事業として京都国際マンガミュージアムが設立に至ったということである。このミュージアムの初代館長は養老孟司、いまの館長が荒俣宏という著名人であり、多くの来館者を得ているようだ。リニューアルの設計は類設計室で、施工は清水建設。

そして、開館2年後の2008年に本館、北館、講堂棟、それにもともとの門と塀が国の登録文化財となっている。

リニューアルで増改築されたのは、主として北館と本館の間の部分で、そこに鉄骨造ガラス張りのモダンなスペースが設けられ、そこがこのマンガミュージアムのハイライト空間となっている。それから、マンガミュージアムになる際に入り口を烏丸通り側に設けたので、そのエントランス部分が増改築されている。本来の入り口は反対側（西側）の両替町通りにあったが、より人通りの多い烏丸通り側に設けざるを得なかったのだろう。おそらくどの訪問者もこの本来の立派な玄関を見ないであろうことが残念。新たに設けられた烏丸通り側の門塀はタイル張りで華やか。当館のホームページの区分線のデザインもこれに似ているから、マンガにふさわしいのかもしれない。あるいは校舎の廊下のタイル張り床を反映させたか。

その他の部分はよく保存されており、校長室、龍池歴史記念室など、マンガを知るためではなく旧・小学校を知るための部屋もきちんと保存されている。それに、本来の玄関には「龍池自治連合会」の表札も掛けられており、リニューアルに際して自治会も要望を出し資金も出したであろうことが推察される。また、かつての運動場の東南隅に記念碑「龍池校の記」も1995年に設置されている。

外観。人工芝の部分がかつての運動場。ガラス張りの部分が主たる増改築部分。右手前は新設のカフェ。右下に「龍池校の記」碑が写っている。

両替町通り側の本館の正面外観。奥の引っ込んだ部分が玄関。

正面外観。典型的なアール・デコ。門扉の左側にある石碑には「此附近二條殿址」とあり、このあたりが二条良基の屋敷だったことがわかる。

新設された入り口の門塀。かなり派手。

増改築された主要部分。奥に「火の鳥」のオブジェが見える。

その上部の吊られた2階通路。中央に「火の鳥」。

北校舎の階段。床のタイルがホテル青龍（旧・清水小学校）のものと少し似ている。

本館の階段室。よく保存されている。

旧・校長室。当時の「大時計」も保存されている。

旧・講堂。ここがメイン・ギャラリー。奥が舞台。

ミライザ大阪城

「ミライザ大阪城」は、1931年に第四師団指令部庁舎として建てられた。この建設は大阪城公園整備事業の一環として行われたもので、同じ年に大阪城の天守も再建された。大阪城の城内は、明治以降、陸軍用地として使用され、古くは大阪鎮台が置かれ、後にその後身の第四師団が置かれたのである。鉄筋コンクリート造4階建てで、地下1階、設計は第四師団経理部で、施工は清水組。この建物は、戦後しばらくは大阪府警庁舎として用いられ、その後1960年から2001年まで長い間、大阪市立博物館として使われた。大阪市立博物館が移転して大阪歴史博物館となった後は、いくつかのイベント(森村泰昌の「なにものかへのレクイエム(MISHIMA,1970.11.25-2006.4.6)」の撮影にも使われた)以外には使われていなかったが、2017年10月に「ミライザ大阪城」となってリニューアル・オープンしたということになる。これは、レストランを中心とした施設で、屋上の「テラスダイニング」からは間近に大阪城が望み得る。なお「ミライザ」とは"MIRAIZA"とも書かれるが、ネーミングの説明によると「大阪の未来を担っていく場所」ということであるから、「未来座」の意味と解してよいであろう。

「ミライザ大阪城」誕生の経緯であるが、ずっと大阪市の直接の管理下にあった大阪城公園が、2015年に大阪城パークマネージメント株式会社が設立されて、その指定管理者下に置かれることになった。この会社は、株式会社電通関西支社、讀賣テレビ放送、大和ハウス工業大阪本店、大和リース、NTTファシリティーズを構成員として設立されたもので、「ミライザ大阪城」のみならず、大阪城公園全体の管理者である。その指定管理者のリニューアル案が、主としてレストラン、それに店舗や展示場を加えて使うものであった。リニューアルの設計・施工はこの指定管理者構成メンバーの一つ、大和ハウスである。

この建物、車寄せが立派で、もともと軍の建物でもあり、その後も長く博物館だったということもあって、いかにも厳めしそうで防御的な感じがする。それに正面入り口上部の左右に付けられたタレット（隅に突出する小塔）の印象が強くて、城砦風な感じもする。しかしよく見ると、基本的にはモダンでシンプルな建物である。表面に張られた褐色のスクラッチタイルも暖かい感じがする。しかし、レストランというイメージはまったくなかったので、「ミライザ大阪城」になってから初めてこれに接近した時、軽快なジャズが建物内から聞こえてきて驚いた。

リニューアルによる外観の保存作業は非常にうまく行われていて、スチールのサッシをアルミに変えた以外は忠実な保存が行われているようである。一部にはスチールのサッシを残しているという。内部は「ミライザ大阪城」になる以前にすでに相当な改装がされているので、オリジナルと思しきものは少ないようであるが、階段室などはむしろオリジナルに近づけるように改修がされたという。もちろん、耐震補強は行われていて、一部に鉄骨のブレースが見られるようになっている。

正面全景。やはり、いかにも厳めしい。

正面中央部外観。パラペットの上端がクレネレーション（銃眼付き胸壁）になっていることも城砦風雰囲気を強くしている要因であろう。

背面の全景。タレットは背面の左右にもある。

側面外観。ここにもタレットが見られる。1階部分が石張りであることがよくわかる。

階段室。よくオリジナルの雰囲気を保っている。

階段室。照明器具はオリジナルではないようであるが、創建当時の雰囲気を伝えるものとなっている。

3階の廊下。梁下端の繰形など、よくオリジナルの意匠をとどめている。

2階の廊下。3階よりもシンプル。

2階のレストランの内部。大梁と小梁が組み合わされている。

1階の休憩スペースに見られる鉄骨ブレース。

ゆかしの杜

2018年4月、かつての国立公衆衛生院の建物が保存改修され、東京都港区の施設「ゆかしの杜」となってオープンした。「ゆかしの杜」とは、港区立郷土歴史館を中心とし、子育てひろば、がん在宅緩和ケアセンター、区民協働スペースなどを併設した複合施設に付けられた名前である。当初は公衆衛生院として、1938年に建てられた。鉄骨鉄筋コンクリート造、6階建て、地下1階。設計は内田祥三でその補助者が土岐達人と長沼重、施工は大倉土木（現・大成建設）。1949年に国立公衆衛生院となり、長い間その名で知られていたが、2002年に国立公衆衛生院が他の組織と共に国立保健医療科学院となり、埼玉県和光市に移転する。そして2009年に、港区がその跡地と建物を取得し、耐震補強やバリアフリー化を伴う保存改修を行って「ゆかしの杜」となるに至ったということである。オープンの翌年の2019年にこの建物は港区の指定文化財となっている。

この建物のスタイルは、ほぼ同時期に建てられた安田講堂などの東京大学の諸施設とよく似たいわゆる「内田ゴシック」であるが、大学も医療保険施設もそのスタートは修道院や教会であったから、そうした施設とゴシックがマッチしないわけではない。それに、同じ敷地内には少し前にすでに東大の伝染病研究所が建っていた。「本建築の敷地が伝染病研究所の敷地に比して低きと狭小なるとに鑑み建築法規の許容する範囲に於て出来得る限り高層のものとして其の外観を整へ、形式は二者殆んど同一のものとして設計せり」（『建築雑誌』1939年2月号）とあるから、公衆衛生院と伝染病研究所はほぼ同時期にワンセットとして建てられたことになる。ちなみに、

「様式」の欄にも「外壁に貼瓦及貼石を用ひ、色彩及手法共近接せる伝染病研究所建物と類似せる近世式とす」とある。「貼瓦」というのはスクラッチタイルとテラコッタを指しているものと思われ、「近世式」は近代式の意味。なお、伝染病研究所は現在、東京大学医科学研究所の1号館となって健在。

この建物、E字型の左右対称のプランで、両腕を広げて迎え入れるようにして建つ実に堂々とした佇まいである。規模も大きく、ディテールも豊かで、保存と改修双方をかなえる苦心もあったであろうから、保存改修事業には調査検討段階を含めるとかなり時間を要したようである。その保存改修の設計は日本設計、大成建設、香山壽夫建築研究所、JR東日本建築設計で、施工は大成建設。結果は上出来といってよく、第29回のベストリフォーム部門のBELCA賞を受賞している。耐震補強のブレースも単純一律にやるのではなく、ところどころ目立たないところに施されている。鋼板と強化ガラスを組み合わせたという格子状の耐震補強材も新しい試みとして用いられている。内部もかつての講堂、院長室、次長室、図書閲覧室、書庫、中央広間（現・中央ホール）など、非常によく保存されており、とりわけ、講堂は椅子などもすべて保存されていて、圧巻。この施設が研究機関であると同時に教育機関でもあったことをよく示している。唯一、気になったのは、表の目黒通りに近い側面から正面へと人々を導くデッキの通路のガラスフェンスの色がやけに目立つことである。

正面外観。右側に映っているのが、デッキの通路のガラスフェンス。もっとも、夜はこのガラスフェンスがきれいらしい。

正面の玄関ポーチ。柱は円柱ではなく、角柱。柱頭は基本的にはゴシック風であるが、オーダー柱のヴァリエーション風でもある。

外観細部。ゴシック風の垂直の柱形は、先端部分が修理されている。右側の壁はオリジナルのタイルが多く残されており、左側は取り換えられたタイルが多い感じ。

同じく外壁細部。中央の部分に新しいタイルが多く見られるが、窓台のテラコッタはオリジナル。

中央ホール。シンボリックな内部空間。従来の手摺りよりも背の高いガラスのフェンスが新設されている。

新設されたガラスのフェンスの取り付け方。少し内側に支柱を立てている。

講堂。最近では、あまり使われていなかったのでもあろうか、きわめてよく保存されている。

講堂の机と椅子と床。

耐震補強の鉄骨ブレース。目立たないように白く塗られている場合もある。

コミュニケーションルームの鋼板と強化ガラスを組み合わせた格子状の耐震補強。

Hotel K5

東京の日本橋兜町に不思議なホテルが2020年2月にオープンした。ホテルであることを示す大きな表示はないし、外観も地味で、ゴージャスな宿泊施設というのでは全然ない。ドアを開けるといきなりフロントで厳めしい構えもまったくない。しかし、屋内には緑が溢れ、クールでラフなインテリア製品に取り囲まれる感がする。その名もシンプルに「K5」であるが、これは「兜町第5平和ビル」の「兜町」のイニシャルと「第5」を合わせたもの。ホテルだけでなく、レストランやバーもあるのでMicro Complex K5とも称されているが、主体はあくまでもホテルである。

オーナーの平和不動産がこのビルを所得したのは2015年のことらしく、もともとは1923年創建の第一銀行の別館であった。鉄筋コンクリート造4階建て地下1階。向いは東京証券取引所であり、金融街兜町の中枢に位置している。設計は西村好時で施工は清水組。西村は清水組を経て第一銀行に入った銀行建築のスペシャリストとして知られる。平和不動産がこれを取得した際には、正面ファサードには全面的に鋼板が張ってあったとのことで、その鋼板を張るためのビスがいまもたくさん見ることができる。つまり、ファサードはすでに改変されていたわけで、本来のファサードの姿は、むしろ裏面のいまは首都高速となっている川側のファサードに残されており、もちろんそれもきちんと保存されている。

まず、このビルの耐震補強工事の設計を三菱地所設計が行い、ショーボンド建設が施工、外壁の改修はスピーク（SPEAC）が担当したとされる。その後の利活用法を託されたのが

ＦＥＲＭＥＮＴで、これはBackpacker's JAPANとMedia Surf CommunicationsとIn Situ JAPANという三つの会社が共同で新しく作った会社。それらは日本の会社であるが、名前も横文字だし、もともとから世界を対象に考えているようである。そして施設の利活用の設計を行ったのがClaesson Koivisto Rune（C.K.R）というスウェーデンに本拠を置く建築事務所で、この事務所は建築のみならずインテリアや家具やテキスタイルのデザインも行っており、建築設計事務所ではなくデザインユニットと呼ばれるらしい。それに日本の地元建築家としてＡＤＸが加わっている。ＡＤＸというのは福島県二本松市に本拠を持ち、東京にもオフィスをもつ建築設計事務所。そして施工もこのＡＤＸが行っている。横文字の名前ばかり出てきて面食らってしまうが、これらの会社は古い権威やしきたりにはわずらわされずに世界を相手として仕事をしているということであろうし、どこに本拠を置くかはさしたる問題ではないことになっているのかもしれない。そして、このホテルを利用する人々も、軽々と国境を移動し、自らの感覚によって生活をしている人々なのかもしれない。

さて、その改修であるが、耐震補強を除けば、いかにも修理したという感じがないようにきれいになりすぎることなく、ともかく自然に行われている。外壁も欠損や窪みもそのままにされ、内部の腰壁に使われている煉瓦の壁もむき出しになっている。まるで、それが保存活用の当然の姿であるかのように。

全体外観。少し殺風景。左側に少し写っているのが東京証券取引所で、右側は首都高速道路。

正面外観。右端のほうにホテルの入り口がある。1階上部のコーニスも所々で途切れている。

ホテル入り口。「K5」という小さな文字版。濃く見えているのは影。壁面にピンがたくさん見られる。

バーの入り口。ここは辛うじて装飾的な細部を残しているが、欠けた部分はそのままにされている。

首都高速道路側の外観細部。この部分が最もよく当初の姿をとどめている。簡略化したクラシックからアール・デコへの移行期のディテール。

ホテルの廊下。木質の間仕切りや椅子。ガラスや床の色になんとなく北欧の感じもする。

ホテル客室のドア。ドアの表面には銅版が張られている。廊下も一直線にならずに少しうねって続いている。

レストラン。ともかく緑に溢れている。右端のコンリート柱は剥き出し。

レストランの腰壁。煉瓦造で、上端もガタガタしたまま。

地下のバーの入り口にある階段親柱。踊場に自転車が置かれているのもオブジェとしてであろう。

旧・富岡製糸場西置繭所

世界遺産である旧・富岡製糸場の西置繭所が保存修理され、2020年10月にオープンした。5年におよぶ調査・研究・工事の成果である。保存修理の設計は文化財建造物保存技術協会で、施工は竹中工務店とタルヤ建設。富岡製糸場の創建は1872年。同年に竣工した西置繭所は木骨煉瓦造2階建てで、100メートル以上もの長さをもつ巨大な倉庫である。設計はE・A・バスチャンで、施工は大蔵省直営。富岡製糸場は官営の工場として建てられたが、間もなく民間に払い下げられ、ほぼ昭和期以降は片岡富岡製糸所としてあった。1987年に操業停止。2006年に国指定史跡となり、すべての施設が富岡市に寄贈され、2006年に土地も購入され、9件の建物が国指定重要文化財となり、2014年に世界遺産となり、同年に重要文化財のうちの東置繭所と西置繭所と繰糸所の3棟が国宝になるという歴史を経る。

もっぱら国宝や重要文化財の保存修理を担ってきた専門家集団である文化財建造物保存技術協会は、学術的で正統的な保存修理を実施してきており、通常の保存活用工事とは別次元の仕事をしているとみなされてきた。もちろん、耐震補強の問題とか、各時代の歴史的積層のどれを優先させるかなどの議論はあったであろうが、まずは誰もが納得する解決が図れてきたであろう。しかし、最近増えてきた近現代の重要文化財は使われ続けられることが多いし、世界遺産も観光に積極的に対応するべきだという考えも増し、文化財に対する凍結保存的な考え方も変わりつつある。根本的に保存とはなにかを考えるよい機会ではあるが、逆にかなり難しい選択を迫られていることにもなる。

そうした状況を背景にした新たな国宝の保存修理活用というべき例が、この西置繭所で、ここには、従来の国宝や重要文化財の修理には見られない斬新かつ大胆な提案と手法が見られる。トラスの小屋組が露出した2階の修理は、基本的には従来のオーソドックスな方法が使われているが、1階には屋内に大きなガラスの箱が組み込まれているのである。そこにはモダンなトイレも新設されており、それに今日的でしゃれたエレベーターも新設されている。既設の階段はあることはあるが、人一人がかろうじて通れる程度の狭い幅だし、リフトも人の重量には耐えられない程度のものだという。このガラスの箱には耐震補強材としての役割も託されており、時間を経て傷んだ部材の間接的なカバーでもあり、あるいは訪問者の檻のようなものでもある。つまりこのガラスの箱を通して、過度に手が入れられず剥き出しになった内部の細部や施工の細部を見ることができるようになっているのだが、逆にその部分に近づけないということでもある。ちなみに、そこに示された内部の状態は、この製糸場が最盛期だった1974年ごろの姿が保存されているという。文化財建造物保存技術協会の仕事としては、もう30年近く前のことになるが、旧・山形県会議場の修理にフライングバットレスを思わせる鉄骨の突っ支い棒が使われて驚いたことがあるが、今回は新たな方法をよりスマートに示したということであろう。保存修理も特殊な建設工事ではなくなったし、どんな建築の仕事も、保存活用と関わらざるを得ないといういまの状況を示してもいる。

末尾に微笑ましい話題を一つ。今回の修理で俳句が墨書された木片が発見され、それが展示されている。建築職人が書いたのであろうが、その句は「鶯の声にはれしかにわか雨」である。

西置繭所全景。長さ104.4m、幅12.3m、高さ14.8m、建築面積1486.6㎡。

正面（東面）外観。樋が新しい以外はかつての姿がそのまま残されているように見える。

正面の煉瓦敷きの犬走りも、自然な姿で不揃いなままにされている。ただしここは通れない。

1階内部のガラスの箱と、それを支える金属の支持材。一部にチタンが使われているという。

真ん中を通る一列の柱は、コンクリート柱のように見えるが、当初からのもので木製の柱。

柱と梁のジョイント部分。照明のやり方が特徴的で、臨場感を高める。

支持材と既存の壁との接点部分。梁の下端も下地材がそのまま見えるようになっている。

ガラスの箱（左側）と壁（右側）の間の部分。ここには近づけない。

2階のトラス小屋組。2階は従来の保存に近いが、照明や展示方法は1階に似ている。

新設されたエレベーター。東置繭所はいかにも無骨な外階段だったが、これはなんともスマート。

市谷の杜　本と活字館

「市谷の杜」という名がつけられた大日本印刷市谷工場の整備計画が進行している。敷地全体の面積はおよそ５４０００平方メートルにおよぶ大規模な再開発である。工事はいくつかの工期に分けて行われ、その始まりが２００９年で、２０１５年には25階建ての新しい本社ビルも完成しているが、工事はいまなお続いており、全体の完成は２０２６年になるという。その再開発に伴って、かつて「時計台」と呼ばれた市谷工場を象徴する建物が曳家され、再開発地区の中央地区の一画に保存された。そして２０２１年２月に「本と活字館」という名の展示施設として一般に公開されたのである。

１９２６年の竣工で、当初この建物は秀英舎の営業所として建てられ、その本社機能や営業部門として使われた。１９３５年に秀英舎と日清印刷が合併して大日本印刷となっても同じ機能をもつ施設として使われ続けた。鉄筋コンクリート造２階建てで、基本的には矩形の平面であるが、奥のほうに「時計台」の部分がＬ字型に突き出しており、正面の隅がカットされて玄関部分がわずかに突き出ている。１９５２年に３階が増築されたが、またもとの２階建てに戻されたという。設計は土居松市（１８８４‐１９２５）が中心で、宮内初太郎（１８９２‐１９５６）と猪瀬善三が補佐した（『株式会社秀英舎創業五十年誌』１９２７による）。施工は竹中工務店（「本と活字館」による）。土居は東大の卒業で、当時は東京高等工業の教授であり、鉄筋コンンクリートに関する調査・研究をし、『鉄筋コンクリート家屋構造』という本も書いている。宮内は東京高等工業の卒業で土居に教わったのであろう。横浜で施工業を営んでいた宮内半太郎（１８６５‐

1938)の長男で、おそらく施工にも詳しかったに違いなく、父親没後は施工業も世襲している。猪瀬は当時の日本建築学会名簿に「秀英舎臨時建築部」所属の准員として載っているが出身校の記載はない。後の名簿には「大林組東京支店」所属とある。建築史上においては、秀英舎はかつて銀座にあった印刷工場(1894年竣工)で鉄骨を初めて使用した例として、そしてそれが火災にあって建て替えた本社(1911年竣工)においても鉄骨とコンクリート床を用いていることで知られるが、市谷工場でもやはり構造に重きを置いて建てられたことが推測される。

さてこの建物、「本と活字館」の名の通り、かつての活版印刷のシーンを再現する展示館であるが、この建物自体の資史料を展示する施設でもある。実際、この建物の地盤に使われていた松杭の1本も展示されている。写植による平板で味気ない印刷を一度は嘆いた者にとっては、あの凹凸感があり、時にゆがんだり横向きになったり、インクがかすれたりしていた味わいのある活版印刷を思い出させてくれるありがたい存在である。それに入館料が無料で、先述の松杭でつくられたルーペまでもらえる。復元ではなく、曳家までしてこの建物を保存されたことに敬意を表するばかりであるが、曳家というのは1回ではすまなくて、少なくとも2回は必要で、この「本と活字館」の場合は最大40メートルの曳家により、当初の位置から10メートルほどずれた現位置に所を得たという。保存の手法はオーソドックスで、とりたてていうべきものとてないが、外観は当初の姿にもどす形で修理され、内装はほぼ全面的に改装されている。一部、モザイクタイルの床が保存されている。整備計画全体の設計が久米設計であるから、この建物の保存活用の設計も久米設計だと思われる。施工はフジタ(「本と活字館」による)。

正面全景。隅がカットされて突き出した玄関が時計台以上にシンボリックな雰囲気を醸し出す。

「本と活字館」と、その背後の新しい高層の本社ビル。

玄関入り口。曳家された場所はもともとの場所よりもかなり高い所らしく、新しく設けられたアプローチの階段が、余計にシンボリックな感じを付け加える。

かつては背後に建物が連続していたようで、それを切り離したような表現がされている。新設の幅広いブリッジの通路が近過ぎて圧迫感がある。

玄関内部。この辺りはよく当初の姿を保っている。

柱・梁が並んでいるのが見える展示室。活版印刷した出版物や活字が展示してある。

柱と梁の細部。刳り形もはっきりと見える。

階段室は意外とシンプル。創建時のものではないかもしれない。

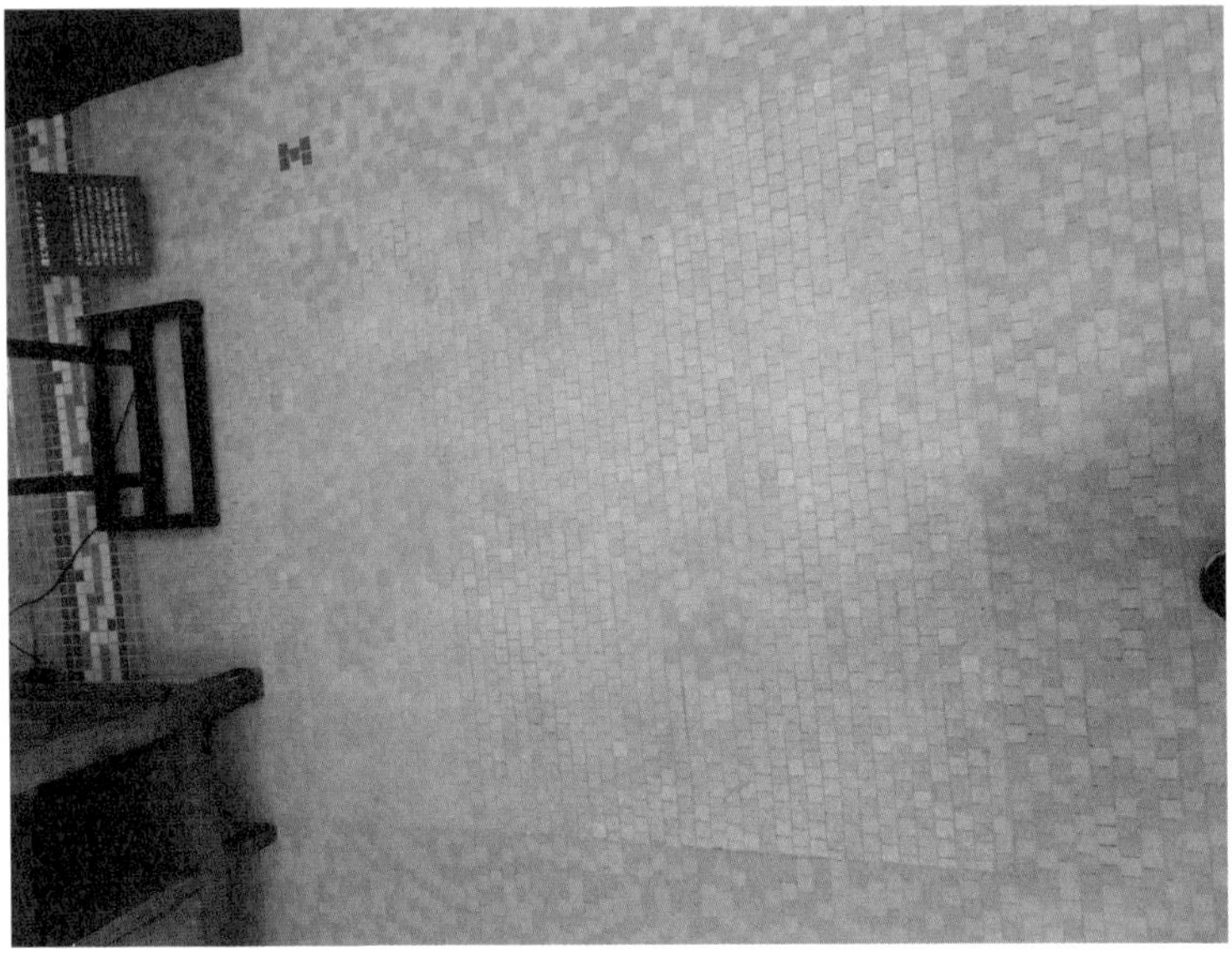

オリジナルの床タイル。左側の区切られたように見える部分。

展示されている松杭。

港区立伝統文化交流館

かつての花街の建物が「港区立伝統文化交流館」となって蘇った。開館は２０２０年４月。当初は、芝浦花柳界の見番の建物として１９３６年に建てられたもので、手がけた棟梁は西伊豆出身の酒井久五郎（１８９８－１９９４）だとされている。かつての花街の建物で文化財や景観重要建築物になっている例はそれほど珍しいわけではないが、「港区立伝統文化交流館」のホームページには「都内に現存する唯一の木造見番建造物」とあるから、貴重な存在であることに変わりはない。よくぞ残されたものといってよいであろう。

もっとも、この建物が見番として機能した期間はそれほど長くはなく、１９４４年に東京都の所有となり、戦後は「協働会館」という名の港湾労働者の宿泊所として使われたという。２０００年に老朽化して閉鎖。取り壊しの予定が、保存を望む要望が起こり、２００９年に所有者が都から港区に移り、同じ年に港区はこの建物を「旧協働会館」として区指定有形文化財として保存を決定。この建物の保存活用のプロポーザルが実施され、青木茂建築工房案が選ばれて工事が実施され、今日に至るというわけである。施工は中央建設。結局、この建物の履歴の大半は「協働会館」だったことになるが、この間も、この建物の「百畳敷」と呼ばれる大広間は、伝統芸能の稽古場として使われ続けたらしく、おそらくそれが保存に繋がったものと思われる。保存活用に際して、この建物は少し西側に曳家されているという。

この建物は木造2階建てで、プランは奥の方が直角に曲がって延びており、L字型になっている。そして、このL字型に曲がった部分の1階が、この建物の歴史を示す展示室となっている。

L字型に曲がった部分の前方には、隣家かもしくはこの建物の付属屋があったものと思われるが、保存活用に際して、この部分に、やはり2階建ての鉄筋コンクリート造の建物が増築され、トイレ、事務所等に供されている。その増築部のファサードには全面に木製の竪格子が密に配されて既存の建物との調和が図られている。

さて、この建物の意匠であるが、かつての見番の建物といっても、それほど華やかなわけではない。外観としては、正面の大きな唐破風と、2階の欄干が目立つぐらいで、唐破風は銭湯にだってある。しかし、内部はやはり違う。まず目を引くのが、窓やガラス戸の桟の隅に取り付けられた花狭間の装飾である。なにか、むずむずするような装飾であるが、たしかに華やかさを加えている。それから階段の親柱。その柱頭は擬宝珠である。

そして、内部の圧巻はやはり2階の今は「交流の間」と呼ばれている「百畳敷」で、天井は格天井。格天井の随所に保存活用の際に照明が付加されている。この柱無しの広い空間をスマートに耐震補強するのは大変だったと思われるが、なんと太い組子でできた厚い格子遣戸が付加されて、それが耐震補強の役割を果たしている。壁自体も少し厚くはされているようだが、随所に見られるこの格子は、あまり違和感もなく見た目にも大変頑丈そうである。あまりにも頑丈そうで時に牢屋の入り口を思わせもするが、中が抜けているので視線を通し、しかも内装の雰囲気も壊さず、これは出色の耐震補強材といってよい。補強材であるのみならず、新奇な意匠の内装ともなっているのである。

正面外観。異様に大きな唐破風。左側がRC造の増築部分。

側面外観。右側が増築部分。

外観細部。2階の欄干の持ち送り。新旧の部材のコンビネーション。

玄関土間。モザイクタイル敷きの土間もよく保存されている。奥に見えるのが階段。

階段の親柱。柱頭は木製の擬宝珠。背後の窓の桟に花狭間の装飾が施されている。

ガラス戸の装飾的組子と花狭間の装飾。あちこちに見られるので、むずむずする。

頑丈そうな格子の補強材。ガラス戸にも背後の窓にも花狭間の装飾が見られる。

「百畳敷」。奥が舞台。格天井の所々に照明が設けられている。舞台の右奥にも補強の格子が見られる。

「百畳敷」の隅にある補強の格子。後ろの窓もよく見える。

側面のテラスに保存展示されている旧部材。床柱として使われていたものという。

山梨市庁舎

２００３年に東京都の目黒区役所が、どう見ても区役所とは見えないもとの千代田生命保険の本社の建物に移って話題を呼んだ。１９６６年竣工の、池と茶室をもつ中庭まで備えた村野藤吾設計、大成建設施工の広大な建物を改修して引っ越したのである。この改修の設計は安井建築事務所で施工はフジタであるが、もともとオフィスビルだったせいか、増改築はそれほど大きくはないように思われる。件の中庭と茶室も存続していてかなり保存改修に近い。そこでここで取り上げるのは、工場建築を市庁舎に巧みに改築した例である。もとの建物の竣工も１９７０年と比較的新しく、保存というよりもまさにコンバージョンであるが、まるで当初から市庁舎として建てられたかと思わせるすばらしい転用ぶりである。それで、グッドデザイン賞（２０１０年）ほか、いくつかの賞が与えられている。

それがこの山梨市庁舎。２００８年の改築竣工で、設計はプロポーザルで選ばれた梓設計、施工はフジタ。当初の建物はＮＥＣのグループ会社の一つだった山梨日本電気の本社工場で、設計は石本建築事務所、施工は藤木工務店。竣工年はいくつかの棟があって簡単ではないが、先述のように１９７０年以降10数年かけて完成している。２００２年に本社工場をセレスティカ・ジャパンに売却、本社は同じ山梨県内の大月工場に移る。そのセレスティカ・ジャパンも２００４年にこの建物を閉鎖。折から周辺の町村を合併してもとの市庁舎が手狭になっていた山梨市が敷地を購入して（因みに建物はタダ）、既存の建物をコンバージョンして新市庁舎としたというわけである。

工場棟は鉄筋コンクリート造の2階建てで、コの字型に配された大規模なものだったが、そのコの字の一辺だけを残して大きく改造。それを東館とし、西側にある鉄骨造5階建ての技術管理棟と呼ばれた建物をそのまま残して改修し、それを西館としている。この西館は当初からオフィスビルであったためか改修は比較的に少ないように思われる。それに対して、大きく改造されたのが工場棟のほうで、これは残された既存の建物の周囲を、新しいコンクリートの柱梁の同じく2階建ての高さのフレームがぐるりと取り囲んだ形となっている。このフレームは耐震補強の手段であるが、同時にこの素朴で華奢であったに違いないもとの工場の建物に一種の記念碑性を与えて、いかにも公共建築らしい雰囲気にしている。この新しいフレームの柱梁はプレキャスト・プレストレストコンクリート工法(PCa-PC工法)で施工されていて、工期の短縮や現場の環境負荷の軽減に大きく貢献したという。

外部がややモニュメンタルになったのに対して、内部は非常にシンプルで、かつて工場だった面影をいまも残している。東館は吹き抜けの部分が多く、天井も張らずに屋根材のような折板が剥き出しになっている。議会場を除いてあまり間仕切りもなく、オープンな雰囲気。100mほどしか離れていなかったという前の市庁舎(1966年竣工)も3階建て打ち放しコンクリートのブルータルな雰囲気の建物であったが、市民はこの東館には旧市庁舎と似たような感じを持ち、西館だけが増築されたと感じているかもしれない。なお、旧市庁舎は解体された。

全体外観。右側の2階建てが東館、左側の5階建てが西館。右隅に見えるのが当初の体育館棟でいまは防災倉庫として使われている模様。

南側外観。手前が東館で、奥が西館。

南側外観。手前にシェルター付きの通路が新設されている。

東館の新設のフレーム。柱は4.5m間隔で規則正しく建てられている。

新設された通路から東館へのアプローチ。

東側外観。フレームの脇に植物を植えた鉄網パネルが設けられている。

東館の一部。黒い柱が当初の柱で、手前の柱が新設のフレーム。それをつなぐ梁もフレームの一部。

東館の新設された軽快そうな階段。

東館の階段のまわりの吹き抜けの空間。

東館の剥き出しの天井。

桐生市有鄰館

いうまでもなく桐生は絹織物の街であり、のこぎり屋根の工場など繊維産業を支えた歴史的な建物がいまもいくつか存在している。それらの主だったものがある本町1丁目と2丁目全域と天神町1丁目の一部は、2012年に「桐生新町重要伝統的建造物群保存地区」に選定されて保存が図られている。たとえば、かつて金芳織物の工場であった1919年竣工ののこぎり屋根の煉瓦造の建物は、現在「ベーカリーカフェレンガ」という名のパン屋兼カフェとなっている。隣接するその工場の事務所棟だった昭和初期のライト風の建物も、現在「日美日美」という洋服のセレクトショップとなっており、そのまた隣の1931年竣工の和風の住居棟たる主屋も「自在庵」という名のレストランとなって活用されている。これらはすべて国の登録文化財となっており、のこぎり屋根の工場の耐震補強を施した改修後の空間もすばらしく、とりあげたい気に駆られるが、ここにとりあげるのは「桐生市有鄰館」という名となったもとの醸造業の店である。

もとの金芳織物の建物が重要伝統的建造物群保存地区の北端にあるのに対して、「桐生市有鄰館」の建物は、その南端部にある。それは酒・味噌・醤油を醸造していたもとの矢野商店の本店で、幕末から昭和にかけて建てられた主屋・蔵など11棟からなる。それらは、もちろん重要伝統的建造物群保存地区の主要構成物件の一つでもある。1989年に本店が移転し、1992年に市が蔵群を借りて活用するための運営委員会を発足させ、「有鄰館」と名付けられた。1994年にそれらの建物が市に寄贈され、同じ年に11棟のうち10棟が桐生市指定重要文化財となっている。

主屋は伝統的な蔵造りの2階建ての店舗棟で、その竣工年が1916年。最も規模の大きいのが「煉瓦蔵」と呼ばれている煉瓦造の建物で、その竣工年が1920年。最も古いのが味噌蔵でこれは1843年の竣工。酒蔵は明治期の建物で、醤油蔵は1914年の竣工になるものという。これら11棟の建物が間口21間、奥行き60間のほぼ矩形の広い敷地の左右と奥に配されてそのまま存在を保っている姿は稀少。しかも改修活用ではなく、まさに保存活用で、建物にはあまり手が加えられていないことも魅力的。あまり手を加えられていないから、古く汚れた部分もそのままで、ホンモノ感が充溢している。ただし主たる建物には耐震補強が施されているようである。その耐震補強工事には地元の建築家や施工会社（地元の吉田組が少なくとも一部を担当していることが吉田組のホームページから知られる）が関わっているようだが、彼らの強い自己主張がなく、ひたすら現物を大事にするという姿勢がうかがわれる。悪く言えば、その場しのぎを続けてきたということでもあろうが、それが嘘臭さを奪っており、強いリアル感を漂わせて大変好ましい。店舗は、いまも「矢野園　喫茶　有隣」として使われているが、他の建物は芸術祭、コンサート、展覧会など様々なイベントに使われているようだ。訪ねた時にも酒蔵で美術系の学校の展示会が開催されていた。竣工が最も新しい故にまだ市指定文化財とはなっていないビール蔵（1973年竣工）の一部は、桐生の伝統的な人形劇を上演するからくり人形館として用いられている。

正面（西側）全景。右側が主屋の店舗。その隣が店舗の蔵で、その向こうが煉瓦蔵。

主屋の店舗と蔵のファサード。

側面(南側)外眼。いくつかの棟からなる長いファサード。

煉瓦蔵。これがもっとも大きな建物で、建築面積431.1㎡。

煉瓦蔵の壁面詳細。欠けている煉瓦もあって、時間の蓄積をよく伝えている。

店舗の内部。

煉瓦蔵内部。所々に鉄骨の柱とブレースが見られる。

煉瓦蔵内部。木造の小屋組みの下部に補強の鉄骨の梁とブレースが挿入されている。

酒蔵で行われていた美術展。やはり鉄骨の柱と梁が挿入されているが、煉瓦蔵のものとは異なる。

味噌醤油蔵内部。木製の補強ブレースが使われている。これも一種の臨機応変性の表現。

本庄レンガ倉庫

埼玉県本庄市は、江戸時代には中山道最大の宿場町として栄え、近代以降は「繭と絹のまち」として発展してきた。明治以降、養蚕が盛んとなり、昭和初期の最盛期には畑の7割までが桑畑だったともされる。同時に製糸業も盛んとなり、周辺の繭の生産拠点地の集散地ともなった。現在、埼玉県道392号線となっている旧中山道沿いには今日もあちこちに漆喰塗りの土蔵を見ることができ、傷んで土壁が剥き出しになっているものも少なくないが、その繁栄ぶりを実感することができる。

その本庄の栄華を最もよく示すのが、この本庄レンガ倉庫で、1896年に本庄商業銀行の煉瓦造2階建ての倉庫として建てられた。本庄商業銀行自体は、倉庫の竣工の2年前の1894年に創立を見た本庄町最初の銀行で、本店は現在この施設の駐車スペースとなっている場所に建てられた伝統的な和風の平家だったようだ。つまり、店舗よりも倉庫のほうが大事で立派だったことがわかる。座繰りによる人力主体の製糸業の機械化に応じて、資金が必要となった人に融資する銀行が設けられ、その融資の担保となった繭を保管する大切な倉庫だったわけである。倉庫の設計・施工は清水組で、設計担当者は清水釘吉（1867－1948）と岡本銺太郎（1867－1918）とされる。

本庄商業銀行は1921年に武州銀行に併合され武州銀行本庄支店となり、さらに武州銀行が1943年に他の4行と合併して埼玉銀行となった際に、この煉瓦造倉庫は富士瓦斯紡績株式会社の所有となり、1958年には一時本庄市の所有となるが、翌1959年に粟豊株式会社の所有となり、さらに１９７７年にはローヤル洋菓子店の所有となり、店舗兼菓子工場として使われていた。しかし、２０１１年にその洋菓子店も遂に閉店。本庄市がこれを買い取り、保存活用を検討、２０１5年から改修工事に入り、2年後の２０１７年に本庄レンガ倉庫の名でオープンに至ったというわけである。その保存活用工事の設計は、福島加津也＋富永祥子建築設計事務所で早稲田大学旧本庄商業銀行煉瓦倉庫保存・活用プロジェクトのチームが設計協力をしている。施工は、創建時と同じ清水建設。なお、この倉庫は洋菓子店時代の１９９７年に国の登録文化財となっており、修復後の２０１8年にはユネスコのアジア環太平洋文化遺産保全賞を受賞している。

この倉庫は、間口8・5メートル、奥行き31メートルで、規模としてはそれほど大きいわけではないが、伝統的な土蔵が目立つ中ではやはり異彩を放っている。1、2階とも一室空間で、1階は主としてこの建物自体の歴史と技術を展示する空間として使われており、2階には2台のピアノが置いてあるからコンサートやイベントの会場として使われているようだ。改修は保存を優先して行われており、洋菓子店時代の改造部分も撤去したのみで、復元せずにそうとわかるようになっている。窓自体は新しいものになっているが、窓と一体となっている外側の鉄扉は保存され、内側の網戸も一部保存されている。構造補強法は、非常にスマートで、壁から少し離れて設けられたそれほど太くない8本の丸い鋼管が1、2階を貫いて立っており、それ以外の補強造材は内外とも見られない。

正面外観。屋根は寄棟桟瓦葺き。その右側手前に本社があったものと思われる。

開口部。窓は変えられているが、鉄扉は健在で、上部の煉瓦アーチも下部の楣石（リンテル）も健在。

外壁細部。新しいレンガが一部に挿入されているが、鉄扉の錆が強い存在感を示す。

後方に新設された付属棟。周囲に数多くある土蔵にならって自然な存在たらんとしたものと思われるが、もう少し開放的なほうがよかったかもしれない。

1階内部。左の窓に引き違いの網戸が保存されている。展示内容はこの建物の技術的な工夫に関するもの。

新設された階段。これも余計なデザインがなく、シンプル。

2階内部。左右に構造補強のための黒に近い灰色の鋼管が立っている。これが全部で8本ある。

新設されたエレベーター。これもシンプル。

キングポストトラスによる木造の小屋組。

このモルタル塗りの部分は、後の改造部分で、あえて煉瓦で復元せずに補修されているものと思われる。

もりおか啄木・賢治青春館

「もりおか啄木・賢治青春館」の開館は、だいぶ前の2002年のことであるが、この元は銀行だったユニークな外観の建物が、盛岡が生んだ著名な文人、石川啄木と宮沢賢治を偲ぶ施設として生かされたのは喜ばしい。二人とも、この建物を見た可能性はある。この建物、当初は第九十銀行の本店本館として、1910（明治43）年に建てられた。わざわざ明治の年号を併記したのは、構造は煉瓦造でありながら、明治の建物とは思えない外観の新しさを示したいからである。その外観は「ネオ・ロマネスク」とも評されており、たしかに入り口左右の柱にロマネスク風の柱頭が見られはするものの、全体としてはおそらくユーゲントシュティールとかセセッションと呼ばれる当時最新のドイツ・オーストリアや東欧の造形的成果を取り入れたものであろう。しかし、見ようによっては偽洋風の建物とも見え、ともあれ異色である。

設計は横浜勉（1878‐1960）。盛岡出身で、竣工の4年前に東大を卒業したばかりの若い建築家である。この建物竣工の2年前に、同じく盛岡の城址公園に南部伯爵銅像台座を設計している（基本設計は伊東忠太によるともされる）。銅像自体は戦時中の金属供出でなくなったままだが、台座は健在、やはり強い造形的主張を示している。「もりおか啄木・賢治青春館」の展示説明に、現場監督は久田喜一で、工事係が「新沼原之進」、工事責任者は高屋捨吉と記されているが、施工は基本的には清水組が行ったようだ。久田喜一（1875‐1926）は、東京高等工業学校付設工業教育養成所を出て、少し前まで岩手県立工業学校助教諭を務めており、「新沼原之進」は新沼源之進が正しいようで、彼もまた岩手県立工業学校実習助手を務めていた。

高屋捨吉が清水組の人であろうか。

第九十銀行の創立自体は、この建物の竣工よりもずっと早い１８７８年、第九十国立銀行としてである。１８９７年に第九十銀行と改称。１９３８年には岩手銀行、第八十八銀行とともに陸中銀行を設立。その後、岩手殖産銀行となり、岩手貯蓄銀行との合併を経て、１９６０年からは岩手銀行となり、この建物は長い間「いわぎんリースデータ」社屋として用いられていた。しかし、会社は存続するもこの建物は１９９２年、ついに閉鎖。１９９９年に盛岡市がこれを買い取って保存活用、3年後のオープンに至ったわけである。保存改修の設計は地元の建築事務所である渡辺敏男の〈盛岡〉設計同人で、施工は清水建設。なお、この建物は「いわぎんリースデータ」時代の１９７７年に盛岡市保存建造物に指定され、２００４年に国の重要文化財となっている。国の重文指定に伴って盛岡市保存建造物指定は廃止。

さて、この建物、やはりどこから見てもユニーク。隅部や開口部上部にゴツゴツした粗石積（ルスティカ）風の花崗岩を張り、壁面にはすべて黄褐色の化粧煉瓦を張っていて、一見、煉瓦造とは見えない。しかし、さらに目立つのが屋根で、その形は複雑で、よく全貌がとらえられないのだが、まことにメルヘンチック。若さの賜物。内部は、1階が常設展示室と喫茶室、2階が企画展示のためのホールに使われているが、さしたる構造補強は見られない。オーソドックスな保存修理工事が行われたのであろうが、後方にバリアフリーのためのスロープとエレベーター棟が増築されている。

外観。右側面が正面入り口。煉瓦造2階建てで、ピョンと跳び出したスレート葺きの屋根が見える。

正面外観。右奥にエレベーター棟が増築されている。

正面入り口。左右にごつい石のアーチを支えるロマネスク風の柱頭をもつツインの円柱が見られる。

外観細部。ユニークな造形。

増築されたエレベーター棟。あまりスマートとはいえないような気がする。

背後に設けられたスロープの入り口。これはまずまず。

側面の外壁に、化粧煉瓦を外した状態の煉瓦造の外壁を示している。それで、これが煉瓦造であることがよくわかる。

同じく外壁の一部に、特殊な煉瓦の積み方が表示されている。化粧煉瓦の付着をよくするために一段ごとに煉瓦が後退して積まれているという。

一階内部。柱台座（ペデスタル）が異様に高い。その上の柱は華奢な円柱で、木の柱かと思われる。

内部詳細。クラシックな造形も一部に見られる。

岩手銀行赤レンガ館

盛岡には、幕末から昭和初期にかけて建てられた「浜藤」という醸造業の町家と酒蔵を中心に近くの町家も移築して活用した「もりおか町家物語」という名の歴史的地区の観光スポットがある。オープンは2014年で、勇んで行ってみたのだが、保存というよりも活用が優先していて、活用としてはすぐれた例ということになるのであろうが、歴史的な建物が単なる雰囲気づくりに堕している気がしてここにとりあげるのをあきらめた。歴史的テーマパーク的なものと、もう少しシリアスな保存との差は紙一重であり、なかなかに難しい。

そこで、やはり盛岡の近代建築の顔ともいうべき「岩手銀行赤レンガ館」を書くことにする。この名でのオープンは2016年であるが、1994年にすでに国の重要文化財に指定されており、重要文化財として保存修理されたということで、活用という点ではオーソドックスに過ぎるが、しかしやはり見るべきところはいくつもある。

この建物の創建は1911年。盛岡銀行の本店としてであって、現在「もりおか啄木・賢治青春館」となっている旧・第九十銀行本店の竣工が1年先駆ける。それでも、どこから見てもこちらのほうが本格的で、いわゆる辰野式の煉瓦造の明治建築である。設計も辰野・葛西事務所で、辰野金吾（1854－1919）との共同設計者、葛西萬司（1863－1942）は盛岡の出身である。葛西は1927年に盛岡貯蓄銀行（現・盛岡信用金庫本店）も設計しており、盛岡との縁は深い。施工は清水組のようだが、地元の大工、中沢善太郎が関わったとされている。

この建物の変遷であるが、名前は変わりつつも、ずっと銀行であった。すなわち、1936年に岩手殖産銀行、１９６０年に岩手銀行本店、１９８３年に岩手銀行が本店を新築してからは岩手銀行中ノ橋支店、２０１２年に中ノ橋支店が閉店になってからも岩手銀行所有のままで保存改修され、２０１６年に「岩手銀行赤レンガ館」となって公開されるに至ったというわけである。所有者はいまも岩手銀行。保存改修の設計は文化財保存計画協会、施工は清水建設である。

さて、この建物。時にイベントや展示会に使われているようであるが、通常はこの建物自体を見るための博物館的施設である。つまりは、ほぼがらんどうでゆったりとしている。保存修復も創建後の改修を取り除く方向で行われたようで、創建時の姿が浮かび出るようにされている。１階の金庫室の煉瓦造ヴォールト天井の上端が2階から見えるようにされ、1階のかつてあった間仕切りの基礎部分が見えるようにされており、建物の変遷が展示されている。あるいはまた、外観も、一時期白く塗られた外壁のあとを残すなどされている。耐震補強もされているのであろうが、表面的にはまったくわからない。伝統的な本来の文化財の保存修理に近い形である。しかも、一部は有料であるが、多くは無料でみることができ、たいへんありがたい。

宮沢賢治が「岩手公園」という詩に、「弧光燈《アークライト》にめくるめき　羽虫の群のあつまりつ　川と銀行木のみどり　まちはしづかにたそがるゝ」と綴った「銀行」はこの銀行であろうか。赤レンガの銀行は、賢治にとってアンビヴァレントな近代化のシンボルとしてあったのである。

全体外観。煉瓦造2階建てであるが、隅にシンボリックな3階建てのドーム付きの塔屋を配している。

側面外観。外壁の白い部分は、かつて白く塗られた時があったことの痕跡。

側面外観細部。煉瓦は一部に新しいものも使われている。緑のシャッターは当初のものという。

内部。構造補強に類するものが見た目にはわからない。

かつての客溜りの窓口から営業室のほうを見る。窓口の鉄細工のデザインはアール・ヌーヴォー風。

営業室の隅部。回廊の手摺りは、現在は木製だが当初は鉄製で、戦時中の金属供出でなくなったという。

階段の手摺り。これもまたアール・ヌーヴォー風。

階段の手摺り。一番はしのアーチ部分が新材になっているが、あえて彫り物を施していないものと思われる。

暖炉。これも典型的なアール・ヌーヴォー調で、クラシックな外観に対して、内部にはあちこちに新しい造形の試みの摂取が見られる。

1階の床下の基礎やかつての間仕切り後を見せているところ。

北九州市立戸畑図書館のオープンは2014年であるが、このもとの市役所を図書館にコンバージョンした建物は、2014年にグッドデザイン賞と耐震改修優秀建築表彰、2016年にBELCA賞、2019年に公共建築賞を受賞するなど、評価は非常に高い。

創建は1933年で、戸畑市役所としてであった。鉄筋コンクリート造3階建て、地下1階。設計は福岡県営繕課で、施工は鴻池組。当時の福岡県営繕の課長は、その職を長年務めた薄與作《すすきよさく》（1885-1972）。薄は福岡の生まれで福岡工業高校を経て1909年に名古屋高等工業を出ている。福岡県営繕は、この戸畑市役所竣工の3年後の1936年に大牟田市役所も設計しており、そのスタイルは戸畑市役所とよく似ている。ちなみに、大牟田市役所は2005年に国の登録文化財となったが解体の方針が出され、その後、反対の意見も強くなり、現在保存活用を含めて検討中という。

戸畑市役所のその後だが、1963年に門司、小倉、若松、八幡、戸畑の5市が合併して北九州市となった後も、北九州市役所として使われた。当初は、新しい北九州市役所ができるまでの短期間の仮庁舎、的な位置づけであったが、なんと9年間も北九州市役所であった。小倉城そばに新しい市役所ができるのは1972年のことで、それ以降は北九州市戸畑区役所として用いられる。そして2007年に新区庁舎がすぐ近くに完成した後に、保存活用が検討され、2012年から工事に入って2014年に北九市立戸畑図書館となるに至ったというわけである。その保存活用のための改修工事の設計は、青木茂建築工房で構造設計が金箱構造設計事務所。施工は創建時と同じ鴻池組と、九鉄工業。ついでながら、それまでの戸畑図書館は1958年に建てられた鉄筋コンクリート造3階建てのピロティをもつ建物(設計は日建設計)であったが、これは取り壊されたようだ。建物の保存には、単に新旧だけではなく様々な事情や感情が関与してくるようだ。

母体が5倍になったわけだから、初代北九州市庁舎時代に当然さまざまな増築が行われ、周囲には分館のような施設が増設されたものと思われるが、図書館となるに際して、それらはきれいに片付けられたようで、いまは広い敷地に堂々と立っている。戸畑祇園大山笠の行事の観覧席の背後に埋もれたようになっている新しい区役所よりもいまなお威厳に満ちている。この建物の耐震改修は、大小の円形の穴が開けられたアーチのフレームが随所に設けられているのがみそらしいが、訪れた際は、運悪くコロナ対策で閉館中。残念ながら中に入れず、辛うじて廊下のアーチの耐震フレームをみることができただけだった。それでも、廊下のアーチはスマートで、以前からそこにあったかのごとく造形的になじんでいた。

外観も非常によく保存改修されているが、裏面にT字型に張り出した部分を挟んで、左右にガラス張りの突出部が増築されているが、一方はエレベーター室で、もう一方は新設の階段室のようだ。機能が少し違う増築部がまったく左右対称に設けられているのは、オリジナルが左右対称だからであろうか。少し微笑ましい姿である。

正面外観。県庁舎のような堂々たる雰囲気。外壁はスクラッチタイル張り。

斜め後方からの外観。左側がT字型に張り出した部分。

外観細部。モニュメンタルな塔屋。少し神奈川県庁舎に似ているが、その原設計者、小尾嘉郎も名古屋高等工業の卒業。

玄関入り口。入り口は開いているが、本の返却者のため。庇の持送りはオリジナルであるが、庇自体は取り換えられている。

背面外観。突き出した部分の左右にガラス張りの増築部があるが、右がエレベーター室、左が新設の階段室。

外壁細部。右がオリジナルのスクラッチタイルで、左奥が新しいスクラッチタイルと思われる。

内部の廊下。下端をアーチにした耐震補強フレームがリズミカルに並ぶ。

耐震補強アーチを支える鉄骨柱。

耐震補強アーチ。大小の穴が穿ってあり、三角のリブも見られる。梁のハンチに呼応するような雰囲気。

内部の入り口部分。灰色の部分が新設の内装と思われる。2階の手摺りはガラス。

石川県政記念しいのき迎賓館

金沢では、２０２０年にかつての第九師団司令部庁舎と金沢偕行社の二つの建物（いずれも国の登録文化財）が国立工芸館としてオープン。さらに前の２０１５年には、陸軍倉庫だった3棟の煉瓦造倉庫（国の重要文化財）が、石川県立歴史博物館等になるなどして歴史的な建物が積極的に保存活用されている。これらは保存が主眼であり、石川県立歴史博物館の倉庫間の中庭にガラス張りの休憩所が設けられるなどしているが、基本的には保存である。それに対して、主要部分だけを残して、壊した部分に今日的な増築をして活用を図った例が、この「石川県政記念しいのき迎賓館」である。

この建物は、金沢城公園の南に隣接する広坂緑地にあり、80年もの間石川県庁舎であった。文字通り、石川県政を記念する建物で石川県のシンボルのような存在であった。「しいのき迎賓館」の「しいのき」は正面前方左右にある一対のスダジイの古木（「堂形のしいのき」の名で知られ、国の天然記念物となっている）に由来する。

石川県庁として建てられたのは１９２４年。設計は臨時議院建築局技師で大蔵技師も兼任していた矢橋賢吉（１８６９－１９２７）と石川県建築技師であった渡辺浚郎（１８７９－？）。いずれも東大卒で、もう一人同じく東大卒の内務技師、笠原敏郎（１８８２－１９６９）の関与もあったとされるが、そのポストからして、実施設計の中心は渡辺浚郎ではなかったかと思われる。それまで海軍技師であった渡辺が石川県技師となるのは１９２３年から１９２４年までの2年間だけで、つまり彼はこの県庁舎を担当するために石川県技師になったと考えられるからである。

施工は日本土木(現・大成建設)。

鉄筋コンクリート造3階建て。当初のプランは日の字型であったようであるが、いくどかの増築を経て、裏面にあたる北側はかなり複雑な形状となっていた模様。1996年に新県庁舎の移転が決まり、かつ2003年に新県庁舎が竣工後もこの建物の保存活用が図られ、2010年に今日の姿で開館するに至ったわけである。その際、南側の主要ブロックのみが保存され、北側には広大なガラスのファサードをもつブロックが増築されている。既存の部分の基礎には免震措置が施されている。その保存改築の設計は山下設計、施工は大成・兼六特定建設工事共同企業体。ちなみに、かなり離れた地に建てられた新しい石川県庁舎の設計も山下設計で、施工も大成が中心となった企業体である。つまり、新県庁舎建設と旧県庁舎の保存活用が一体となって行われたということであろう。

さて、この増築部と保存部がフィットしているかどうかだが、歴史的な建物に増築を加える場合は、全体的にシンプルにしつつも既存の建物に調子を合わせた既存オマージュのものにするか、既存のものに対抗的に斬新なものにするか、あるいは自己主張をせずにひたすらニュートラルもしくは無性格なものにするかといった方法が試みられるが、この場合は非常に微妙で、モダンでありながらもフレームは既存の建物に合わせるといった雰囲気になっている。よく言えば巧みで控え目、厳しく言えば中途半端だが、BELCA賞などたくさんの賞を受けており、評価は高い。開館以来この建物は盛んに使われているようで、訪れた際にもレストランでは結婚披露宴が行われていた。

保存部分の南側正面。手前の左右に一部見えるのが「堂形のしいのき」。スクラッチタイルもよく保存されている。

東側外観。右側に増築部。増築部には地下階があり、右手前のガラスのボックスはその換気口と思われる。

西側外観。駐車場に近いので、こちら側が主入口のようになっている。正面の塔屋の手前にガラスのボックスが見える。

西側から見た既存部と増築部の接合部。双方の間にジョイント部が見える。

北側外観。幅の広い水平のコーニスを2本設けて、既存部との調和を図っているように思われる。

既存部の内部階段室。写真には写っていないが、踊り場にある石川県の形をした黒漆塗りのパネルも保存されている。

内装も一部は保存されており、この部屋は「交流サロン」として用いられている。

内部。右側が既存部分で、左側が増築部分。双方の床に少しレベル差がある。

増築部内部。増築部は吹抜けの部分が多い。右手前に見えるのがエレベーター。

増築部内部。奥にあるのは1階がカフェテリアで、2階がレストラン。

半田赤レンガ建物

知多半島の中心、半田の地にビールが製造され始めるのは、半田村が半田町となるのと同じ年の1889年。日本人によるビール醸造の最初期のものの一つである。当初の銘柄は「丸三ビール」。その名はこの起業の中心人物、中埜家四代目の◯の中に三本線を描く家紋に因む。中埜家は19世紀初めから酢の醸造を行っており、その後身の一つが「ミツカン」で、「ミツカン」の商号もその家紋から派生した三本線の下に◯を加えたものである。また、中埜家の酒造業はいまも続いている。ともあれ、半田は江戸時代から酒・酢・味噌などの醸造業が発達した地であった。この地にビールが生まれたのも、三河湾の港湾の便に加えて、この歴史的な産業の伝統の故でもある。

そして1898年に、「カブトビール」(「加武登麦酒」とも書く)なる銘柄の新しいビールを製造し始めるが、その製造工場となったのが、この半田赤レンガ建物である。「カブト」の名には日清戦争後の高揚感が込められているともされる。その煉瓦造の工場であるが、ドイツ人の技師がやってきて基本設計をしたらしいが、実施設計は妻木頼黄。彼の設計になる横浜の赤レンガ倉庫に先駆けること13年。基本的な構造や構法は、両者よく似ているが、2階の床を支えているのは横浜ではナマコ鉄板のアーチだが、ここは煉瓦のアーチ。それに、半田のほうがより頑丈そうでゴツイ感じはする。煉瓦造2階建て(一部は5階建て)に加えて、木骨煉瓦造平屋の付属棟もある。施工は清水組。創建時の後も、1908年、1918年、1921年に増築されている。

半田赤レンガ建物でビールが醸造されたのは戦前までで、戦後は日本食品化工の工場・倉庫として使われてきた。１９９４年に、その工場・倉庫が閉鎖。１９９６年に半田市がこれを買い取り、その後構造調査・活用調査を経て、２０１４年から保存活用工事に入り、２０１５年に公開されるに至った。半田の人々が結成した社団法人「赤煉瓦倶楽部半田」の活動が保存活用の実現を大きく助けたとされる。保存活用工事の設計は安井建築設計事務所、施工は創建時と同じ清水建設と古くからある地元の施工会社七番組。リニューアル・オープンに至るまでに、２００４年に国の登録文化財、２００９年に近代化産業遺産、２０１４年に第一号の半田市指定景観重要建造物となっている。

保存活用されたのは工場閉鎖にあったすべての建物ではないが、創建時の主棟を中心に、１９０８年から１９２１年にかけての増築棟を少し含んで主要なものは保存された。木骨煉瓦造の平屋も創建時のものである。それらが、カフェ、ビアホール（カブトビールの復刻版が飲める）、ショップ、クラブハウス、展示場などに用いられているが、2階は残念ながら使われていない。煉瓦壁への鉄筋の挿入、鉄筋コンクリート・鉄骨による開口部の補強、鉄筋コンクリートの床スラブの打ちかえ、木造小屋組の鉄骨ブレースによる補強、2階の壁にコンクリートの打ち増しなどの構造補強が行われているようだが、見た目にはあまりわからない。よく保存されており、外観の煉瓦の崩れたところなども残されている。驚いたのは1メートル近くもあるかと思われる外壁の厚さで、これは煉瓦の間に何層もの空気層を設けた壁の構造になっているためらしい。

全体外観。手前が木骨煉瓦造の部分。背後が煉瓦造の部分で、一部は5階までである。

外観。5階まである部分。窓の楣石は多くが石だが、一部はコンクリートに取り換えられている。下に見えるフェンスは空調機等のカバー。

煉瓦壁面。I型鋼が壁面に露出している。2列のアーチに積んである部分もある。

新たに設けられた入り口の一つ。風除室のないシンプルでシャープな形。

屋外に展示された鉄骨の柱の柱頭部。いちばん下の丸い所から柱につながるのであろう。

内壁に設けられたアーチの開口部。白いところはモルタルの補強部分。

内部の天井。煉瓦造の小アーチの列で2階を支えている。黒い金属フレームは展示ケースであるが、補強も兼ねているのかもしれない。

イベントスペースの非常に厚い壁。

空気層の設けられた外壁の詳細。厚い壁の正体はこれか。

2階にあがる階段。残念ながら、ここには近づけず、ガラス越しに暗い空間を撮った写真。

百十四銀行高松支店

明治期に順に番号を振ってつくられた153の「国立銀行」の番号をそのまま銀行名に維持しているいわゆるナンバー銀行はいまでは数例にすぎないようだが、香川県を中心として活動している百十四銀行はその数少ない例の一つ。1879年の創業地も現在の高松支店と同じ場所で、創業の本店は木造だったらしいが、この建物も1926年に第百十四銀行の本店として建てられた。1966年に数百メール西南方に新しい本店（設計は日建設計、施工は竹中工務店）が建てられた後には、現名称の高松支店となったが、それまではずっと本店であった。「高松空襲」の名で知られる米軍の過酷な空襲で多くの建物を失った高松の希少な戦前建築の例でもある。

現在は鉄筋コンクリート造3階建てであるが、1926年の創建時にはコンクリート造2階建てであった。3階の増築は1952年のことであるが、当初はクラシックな要素を交えたアール・デコだったものに、よりシンプルなアール・デコが加えられて、増築とはにわかにはわからないようなアール・デコのアマルガムとなっている。もっとも、表面に張られた石張りとも見えるタイルの色が3階は少し違うので、言われてみればなんとなくわかる。たしかに、3階のタイルの色調がやや単調なのに対して、2階以下のタイルは石張りとも見える微妙で多様な色合いを示している。また、1階下部の腰3段分、開口部周りなど要所には実際に石が使われている。

創建時の設計・施工とも清水組。増築時も同じく清水建設だと思われるが、2013年に完了した耐震補強を含むリニューアル工事も清水建設である。ほぼ同時期の1927年に建てられた、同じく清水組設計・施工の百十四銀行丸亀支店は、閉店の後の2007年に、丸亀商工会議所の協力を得て、百十四銀行に因む名の「スペース114」という多目的ホールとして使われるようになったが、2016年末にはその「スペース114」も閉業し、一帯の再開発のため取り壊された。高松支店がいまも現役としてあるのは、これが長い間本店であったが故であろうが、周辺の商店街の努力も与っているかもしれない。このあたり一帯の商店街は、日本一ともいう長く高いアーケードで名高いが、アーケードは縦横に行き交い、交差部にはドームをかけ、そしてその建設には多くの建築家・アーティストが関わっているようだ。現に、この高松支店の前のアーケード（デザインは上海出身の建築家・構造家徐光）は2011年につくられたものであるが、非常に斬新な支柱によって支えられている。逆に、この高松支店の写真を撮る際にどうしても支柱が入ってしまい悩ましいところでもある。アーケード自体は高松支店を覆うようにはなっておらず、歴史的な建物への一応の配慮はされているようではある。このユニークな支柱ともども楽しむべきかもしれない。

さて、その高松支店のリニューアルであるが、概ね外部は保存、内部は復元的に行われたという。外部の細かなところも、内装もよく保存復元されているように見え、銀行建築の改変が盛んな今日、たいへんありがたい存在である。ただ、正面主入り口の改造だけが、もう少しなんとかならなかったのかなというのが正直な感想である。

外観。角地にあって二面のファサードをもつ。左に2本写っているのが、アーケードの支柱。下の方が細くなっている。

側面の外観。いちばん奥の部分が豊かに造形されているが、この部分は当初から3階建てだったらしい。

外観細部。柱頭の装飾はクラッシクとアール・デコの合体したもので、スパンドレルの装飾は典型的なアール・デコ。

外観細部。正面の脇入り口。やはり、スパンドレルに装飾が施されている。

外観細部。側面入り口の庇の持送り。よく保存されている。

正面主入り口。背後の建物とは脈絡がない。庇の支柱といい、壁といい、入り口左右の赤い柱といい、なんとなくバラバラ。

内部。木材を積極的に使っている。

内部。腰壁や家具類も木材で、色調が統一されている。

天井の持送りと2階の壁に装飾が見られる。手前の縦線は2階のギャラリーの手摺り。

1階奥のコーナー。この建物の歴史が展示されている。

香川県庁舎東館

１９５８年の香川県庁の竣工は、日本のモダニズム建築史上における一つのメルクマールであった。日本の伝統的な木造建築の木組を想わせる繊細でシャープな梁の表現はモダニズム建築の到達点でもあり、新たな日本のモダニズム建築の先駆けでもあった。くわえて、地元の名産の石組みを伴った日本庭園を組み込むなど、後の県庁・市庁舎建築に大きな影響を与えることとなった。

設計は、言わずもがな丹下健三計画研究室。施工は大林組。ちなみに、２０００年に西側に隣接して建てられた新しい県庁舎の設計も丹下健三・都市・建築設計研究所で、施工は大林組と間組。それ以降、この新しい県庁舎が本館となり、従来の県庁舎が東館と呼ばれることとなる。本館の西側にある県警察本部庁舎も、設計は同じく丹下健三・都市・建築設計研究所、施工は西松建設で、その竣工が１９９７年。この県庁舎と県警本部が陣取るブロックはつまりは丹下ワールドである。ただし、そのブロックの道路を挟んで南側にあり、4階の廊下で東館と連絡されている県議会議事堂（１９８７年）の設計は、地元の片山建築設計事務所で施工は大林組・小竹興業・富士建設。

すぐそばに高層の新庁舎が建てられたのであるから、旧庁舎の解体が検討されるのが普通だが、香川県庁舎の場合にはまったくそのようなことはなかったようである。ただし、耐震性の補強が必要で、その方法が検討され、結局、免震レトロフィット工法が実施されている。その工事の完成が２０１９年12月。まるまる3年の改修工期であった。１９５８年の竣工時の工期が2年半であるから、新築の際よりも時間を要したことになる。その耐震改修工事の基本設計・工事監理は松田平田設計大阪事務所、実施設計と施工が大林・菅特定建設工事企業体ということになる。

免震装置にも、天然ゴムの支承や鉛プラグ挿入ゴムの支承や弾性すべり支承など多様な方法が組み合わされて躯体が構造的に一体化する工夫がされたという。そのおかげで、上部の躯体にはブレースなどの補強がまったく見られず、シャープなコンクリートの躯体の表現がよく保存されている。内部の柱や梁の型枠の木目もはっきりと見える。もっとも、塔屋の部分にはコンクリートの打ち増しが行われたというが、かつては県民の憩いの場でもあった塔屋部分はいまは近づけないので確かめられなかった。遠目には打ち増しはまったくわからない。ただし、バルコニーの手摺りは新しいものにとりかえられている。この手摺りは、当初はプレキャストコンクリート製であったようだが、鉄筋の露出も一部に見られ、軽量化を図るためもあっていまはGRC製（ガラス繊維強化セメント板）に取り換えられている。それで、いまの手摺りの目地はダミーということになる。

ピロティ天井の木製ルーバーも多くが取り換えられているが、プレキャストコンクリートの手摺り、この木製ルーバーといい、鉄筋コンクリートのこの建物の保存が、木造建築の保存と同じような感じで行われていることに驚く。それは、この建物が木造の木組みを思わせるものであるためでもあろうが、矧木《はぎき》や継木《つぎき》や埋木《うめき》のような木造建築の保存手法がコンクリートでも可能な気もしてくるのである。

南側外観。中央が東館高層棟、左側が本館、右側が東館低層棟。手前が南庭庭園で太鼓橋もある。

南庭庭園と東館。奥がピロティのある東館低層棟。石組は庵治石によるものらしく、同じ石の石組は栗林公園にも見られる。

ピロティ部分。天井の木製ルーバーは多くが取り換えられているが、一部に既存の材料が使われている。

塔屋部分の外観。ここにコンクリートの打ち増しが行われているらしいが、慎重に実施されたのであろう、にわかにはわからない。

外観細部。手摺りはGRCによる新しい部材に取り換えられている。側面には疑似目地が施されているが、上面には見えない。近づけば見えるのかもしれないが。

1階ロビー。建築屋には緊張感溢れる空間であるが、弁当を食べている人もいた。微笑ましい。

ロビーの手摺り。以前は黒い色だったように記憶しているが、実に鮮やかな銀色をしているので、アルミに取り換えられたのかと思った。実はもとのスチールの再塗装であった。

ロビーの下部細部。床は石張り。外壁の最下部もガラス。

ロビーの柱の型枠の木目。
非常にはっきりしている。

基礎の免震装置。「天然ゴム系積層ゴム」と記されている。

あとがき

本書ができるきっかけになったのは、王国社のホームページに「建築保存活用見て歩き」掲載のお誘いを受けたことである。願ってもないスペースを与えてもらって、これ幸いとあちこちを見に行ったわけだが、如何せん、このコロナ禍である。いろいろ大変だった。行ってはみたが、中へは入れないということもしばしばあった。下関の田中絹代ぶんか館（旧・下関電信局電話課庁舎）も訪れたが、中には入れなかった。しかし、すぐそばの明治の煉瓦造2階建ての旧・宮崎商館が医院になっていたのには驚いた。少し前までは美容院だったからである。なにはともあれ、使い続けられているのを見るのは心動かされる。

見に行く対象を選ぶために、いろいろ新聞や雑誌を見たり、人から教わったりしたが、とりわけ『公共建築のリノベーション コンバージョン』（建築保全センター、2018年）は参考にした。また執筆の途中からであるが、堀勇良『日本近代建築人名総覧』（中央公論新社、2021）には大いに助けられた。当の王国社の山岸久夫氏からもしばしば実例を教わり、一緒に「見て歩き」したものもある。新聞紙上で知って、名古屋テレビ塔の一部がホテルになっているのにも、旧・名古屋銀行本店がレストランになっているのにも行って見て驚いた。しかし、やはり情報は限られており、たまたま知ったものをとりあげているだけというきらいはある。基本的には最新の例をとりあげようと努力したが、それだけでは足らず、少し時間が経ったものも含めている。しかし、それらはすべて保存活用として興味深いものばかりである。また、地方のそれほどは知られていないものを優先したところもある。東京は最新のものしかとりあげていない。横浜をもっととりあげるべきだったかといまになって後悔しているが、まあこれも「見て歩き」だから、日頃見ているものではなく、少し遠い所へ行くということだから仕方がない。

いくつかの街を歩いて、それぞれの都市で歴史的な建造物を生かそうとする試みと意欲を大いに感じた。それが、地元の知恵と技術と資本で行われている場合には万々歳でうれしくなるのだが、少し大規模な観光や集客と結びつくと中央の資本や時には国際的な資本が入ってきてしまう。このグローバルの時代にいまさら何を言うのかと言われるのかもしれない。世界遺産も西洋世界がお金も出さずにただ地元に残せと要求する虫のいい制度であったが、これが一つの大きな契機になって、いまではすっかり定着しているではないか。といいつつも、中央や世界との交流も含めて各地の人材と知恵が育つことをひたすら願っている次第である。

きっかけからしあげまで山岸久夫氏には格別の世話になった。これがなければ、ひっそりと陋屋にこもっているだけの一年であったろう。記して感謝する次第である。

二〇二一年九月

吉田鋼市

掲載建物所在地一覧

◉京都市京セラ美術館
京都市左京区岡崎円勝寺町124

◉大丸心斎橋店本館
大阪市中央区心斎橋筋1-7-1

◉弘前れんが倉庫美術館
弘前市吉野町2-1

◉旧・横浜生糸検査所倉庫「北仲ブリック」
横浜市中区北仲通5-57-2

◉鎌倉文化館　鶴岡ミュージアム（旧・神奈川県立近代美術館本館）
鎌倉市雪ノ下2-1-53

◉新風館
京都市中京区烏丸通姉小路下ル場之町586-2

◉ダイビル本館
大阪市北区中之島3-6-32

◉ザ・ホテル青龍　京都清水
京都市東山区清水2-204-2

◉立誠ガーデンヒューリック京都
京都市中京区蛸薬師通河原町東入備前島町310-2

◉京都国際マンガミュージアム
京都市中京区烏丸通御池上ル

◉ミライザ大阪城
大阪市中央区大阪城1-1

◉ゆかしの杜
東京都港区白金台4-6-2

◉Hotel K5
東京都中央区日本橋兜町3-5

◉旧・富岡製糸場西置繭所
群馬県富岡市富岡1-1

◉市谷の杜　本と活字館
東京都新宿区市谷加賀町1-1-1
◉港区立伝統文化交流館
東京都港区芝浦1-11-15
◉山梨市庁舎
山梨市小原西843
◉桐生市有鄰館
群馬県桐生市本町2-6-32
◉本庄レンガ倉庫
埼玉県本庄市銀座1-5-16
◉もりおか啄木・賢治青春館
盛岡市中ノ橋通1-1-25
◉岩手銀行赤レンガ館
盛岡市中ノ橋通1-2-20
◉北九州市立戸畑図書館
北九州市戸畑区新池1-1-1
◉石川県政記念しいのき迎賓館
金沢市広坂2-1-1
◉半田赤レンガ建物
愛知県半田市榎下町8
◉百十四銀行高松支店
高松市丸亀町15-7
◉香川県庁舎東館
高松市番町4-1-11

吉田鋼市（よしだ　こういち）

1947年、兵庫県姫路市生まれ。

1970年、横浜国立大学工学部建築学科卒業。

1977年、京都大学大学院建築学専攻博士課程単位取得退学。

1973～75年、エコール・デ・ボザールU.P.6および古建築歴史・保存高等研究センター在学（仏政府給費留学生）。

横浜国立大学教授、同大学院教授を経て現在、同大学名誉教授。工学博士。

著書　『オーギュスト・ペレとはだれか』（王国社）
『日本の盛期モダニズム建築像』（王国社）
『日本の初期モダニズム建築家』（王国社）
『鎌倉近代建築の歴史散歩』（港の人）
『日本のアール・デコ建築物語』（王国社）
『日本のアール・デコの建築家』（王国社）
『日本のアール・デコ建築入門』（王国社）
『図説アール・デコ建築』（河出書房新社）
『西洋建築史』（森北出版）
『アール・デコの建築』（中公新書）
『トニー・ガルニエ「工業都市」注解』（中央公論美術出版）
『オーギュスト・ペレ』（鹿島出版会）
『トニー・ガルニエ』（鹿島出版会）
『オーダーの謎と魅惑』（彰国社）　ほか
訳書　N.ペヴスナー『十九世紀の建築著述家たち』（中央公論美術出版）
P. A.ミヒェリス『建築美学』（南洋堂出版）　ほか

現代建築保存活用見て歩き

2021年11月10日　初版発行

著　者――吉田鋼市　
発行者――山岸久夫
発行所――王　国　社
〒270-0002 千葉県松戸市平賀152-8
tel 047(347)0952　　fax 047(347)0954
https://www.okokusha.com
印刷　モリモト印刷　　製本　小泉製本
写真――吉田鋼市
装幀・構成――水野哲也（Watermark）

ISBN 978-4-86073-073-4 *Printed in Japan*

吉田鋼市の本

王国社刊

税込定価 各1980円